海明威全集

流动的飨宴

A Moveable Feast

［美］海明威　著

雪　茶　译　俞凌娣　主编

中国出版集团　现代出版社

图书在版编目（C I P）数据

流动的飨宴 / (美) 海明威著 ; 雪茶译. -- 北京 :
现代出版社, 2018.6 (2023.7重印)
(海明威全集 / 俞凌婷主编)
ISBN 978-7-5143-7132-1

Ⅰ. ①流… Ⅱ. ①海… ②雪… Ⅲ. ①长篇小说－美国－现代 Ⅳ. ①I712.45

中国版本图书馆CIP数据核字（2018）第109914号

流动的飨宴

著　　者　（美）海明威
译　　者　雪　茶
主　　编　俞凌婷
责任编辑　杨学庆
出版发行　现代出版社
地　　址　北京市安定门外安华里504号
邮政编码　100011
电　　话　010-64267325　64245264（传真）
网　　址　www.1980xd.com
电子邮箱　xiandai@cnpitc.com.cn
印　　刷　三河市金元印装有限公司
开　　本　880mm × 1230mm　1/32
印　　张　5
版　　次　2019年1月第1版　2023年7月第3次印刷
书　　号　ISBN 978-7-5143-7132-1
定　　价　30.00元

序

众所周知，海明威是一位生活经历异常丰富的知名作家，同时也是一位在世界上享有盛名并且写作风格鲜明的文学大师。海明威复杂的生活经历描绘了他所有作品的故事曲线，也构成了他作品中丰富多彩的主题。

首先，就个人浅见，有必要剖析一下海明威的成长经历。海明威出生于美国芝加哥以西的一个郊区城镇，人口并不密集，因此给了海明威一个平静、安逸的童年生活。幼时的海明威喜欢读图画书和动物漫画，听稀奇古怪的故事，也热衷于缝纫等各种家事。少年时期，他更喜欢打猎、钓鱼，内心充满了对大自然的好奇与敬畏，这一点在他多部作品中都有体现。在初中时，海明威为两个文学报社撰写了文章，这为他日后成为美国文学史上一颗璀璨的明星打下了基础。高中毕业以后，海明威拒绝上大学，他到了在美国媒体具有举足轻重地位的《堪城星报》当了一名记者。虽然他只在《堪城星报》工作了 6 个月，但这 6 个月的时间，使他正式开始了写作生涯，并且在文学功底上受到了良好的训练。1918 年，第一次世界大战爆发，海明威不顾家人反对，毅然辞掉了工作，去战地担任了一名救护车司机。战场上的血流成河，令海明威极为震惊。由于多次目睹了战争的残酷，给海明威的创作生涯提供了丰富的素材和灵感。在他早期的小说《永别了，武器》中，他进行了本色创作，揭示了战争的荒唐和残酷的本质，反映了战争中人与人之间的相互残杀以及战争对人的精神和情感的毁灭。1923 年，海明威出版了处女作《三个故事和十首诗》，使他在美国文坛崭露头角。1925 年，海明威出版了《在我们的时代里》这一短篇故事系列，显现了他简洁明快的写作风格。继而海明威出版了多部长篇小说和大量的短篇小说，令他成为美国“迷惘的一代”作家中的代表人物。《老人与海》获得了 1953 年美国的普利策奖和 1954 年的诺贝尔文学奖，将海明威推上了世界文坛的至高点，可以说，《老人与海》是他文学道路上的巅峰之作。

其次，海明威的感情生活错综复杂，给海明威的作品增添了大量的情感元素。海明威有过四次婚姻经历，这些经历赋予了海明威不同寻常的爱情观。司各特·菲茨杰拉德曾打趣道：“海明威每写一部小说都要换一位太太。”连他自己都没有想到，竟然一语成谶。世人皆知，海明威有四大巅峰之作，分别是《太阳照常升起》《永别了，武器》《丧钟为谁而鸣》和《老人与海》，在时间上，他的确先后娶了四位太太。据考证，1917 年海明威和一位护士相爱，但是不久后，这位护士便嫁给了一位富有的公爵后代。海明威对爱情始终抱有完美主义，所以这样的结局令海明威无法接受，甚至愤恨。因此，海明威常常将女人比作妖女，这一点在他的多部作品中有所反映。1921 年，海明威与他的第一任妻子哈德莉结婚，但是婚姻观的差异最终使两人分道扬镳。不得不说，哈德莉对海明威的文学创作起到了至关重要的作用。在她的帮助下，海明威学会了法文并结识了著名女作家斯泰因。这段时期，海明威佳作不断，哈德莉却毫无成长，这促使了两人的婚姻关系更加恶劣。1926 年海明威出版了《太阳照常升起》，这部小说使他声名大噪，也间接宣告了海明威与哈德莉婚姻关系的破裂。1927 年，海明威与第二任妻子宝琳结婚，两人在佛罗里达州和古巴过了几年宁静而美满的婚姻生活。海明威在这几年中完成了他的不朽名作《永别了，武器》。然而，没过几年，海明威对宝琳开始厌倦，他遇见了他的第三任妻子——战地女记者玛莎。最开始，海明威以玛莎为荣，并为她创作了《丧钟为谁而鸣》，令人叹息的是，这对最为相配的夫妻也在1948年结束了婚姻关系。海明威的第四任妻子维尔许是一名战时通讯记者，研究分析政治和经济形势，为三大杂志提供背景资料。婚后，维尔许放弃了自己的工作，专心照顾家庭，但这仍未给两人的婚姻关系带来一个美满结局。1961年，海明威在家中饮弹自尽，享年62岁。

对大自然的喜爱之情和对生命的敬畏丰富了海明威小说五彩斑斓的主题，纷然杂陈的情感生活和不同寻常的生活环境造就了海明威作品中跌宕起伏的故事情节。因此，海明威的每篇长篇小说、短篇小说、新闻及书信都有着鲜明的个人风格。海明威用最简洁明了的词汇，表达着最复杂的内容；用最平实轻松的对话语言，揭示着事物的本来面貌。他的每部小说不冗不赘，造句凝练，丝毫没有矫揉造作之感。即使语言简洁，但是海明威的故事线索依然清晰流畅，人物对话依然意蕴丰富。海明威曾这样形容自己的写作风格："冰山在海里移动之所以显得庄严宏伟，是因为它只有八分之一的部分露出水面。"这无疑是个非常恰当的比喻，十分形象地概括了海明威对自己作品的美学追求。海明威最开始创作了众多短篇小说，使他在文坛新秀中占有一席之地，后来《太阳照常升起》的出版，奠定了他在"迷惘的一代"代表作家中的超然地位。"迷惘的一代"是美国两次世界大战期间涌现的一类作家的总称，他们共同表现出的是对美国社会发展的一种失望和不满。他们之所以迷惘，是因为这一代人的传统价值观念完全不再适合战后的世界，可是他们又找不到新的生活准则。海明威将“迷惘”这一形容词表现得淋漓尽致，他用深刻而典型的对话将第一次世界大战后青年的彷徨与迷惘的心声书写出来。可以说海明威的大量文字都散发着战时与战后美国青年对现实的绝望。海明威不止竭尽所能地发挥着对“迷惘”的认知，同时也表现着他内心的“硬汉观”。海明威一向以文坛硬汉著称，他是美利坚民族的精神丰碑，代表着美国民族坚强乐观的精神风范。在《老人与海》中海明威用风暴、鲨鱼等塑造了一个“人可以被消灭，但是不可以被打败”的硬汉形象，同时也反映了海明威英勇、坚定的生活态度。海明威的众多作品中不仅充斥了“迷惘”“硬汉”等思想，不可忽视的还有他对自然与死亡的理解。作为一个对生命有着独特理解的文学大家，海明威形成了对死亡的坦荡、豁达的人生态度。《午后之死》就明确指出：“所有的故事，要深入一定程度，都以死为结局，要是谁不把这一点向你说明，他便不是一个讲真实故事的人。”海明威想要表达“死亡是人生的终点，任何人不可逃避”这一观点。《老人与海》中也有海明威对自然生态的想法，海明威利用圣地亚哥、环境、鱼类的关系形象地阐述了：人不能过于追求物质享乐，要尊重自然、节省资源、保护生态环境，才能达到人与自然的和谐。总之，海明威光彩夺目的主题思想和艺术风格都在探究着人类文明进程中对生命的思考。

海明威的创作经历了一个复杂的发展变化过程。在海明威早期的作品中，海明威表达了对西方资本主义日趋腐朽的绝望和内心痛恨战争的不满情绪，文字中蕴藏着一种悲观和颓废的色彩。海明威在创作中期才改变了这种思想，开始对西方资本主义和战争的本质有了新的认识，这是海明威心理历程上的一个重大发展。海明威的后期作品依旧延续着早、中期的写作风格和迷惘情绪，但是比早、中期的作品反映的情绪更加明显。值得一提的是，海明威的创作中也充斥了大量的意识流和含蓄表达，从而使读者在真假变换中感受到人物或强烈、或浪漫的内心世界。

为了方便海明威文风的欣赏者了解海明威，我们特出版海明威全集系列丛书，内包含海明威的多部小说、书信、新闻稿、诗等作品。读者可从中感受到海明威享受心灵的自由却求索不得的无奈，也可感受到海明威对内心对生命最强烈的回响。海明威的作品无论在中心思想层面，还是语言风格都有其独到之处，因此他的作品读来令人回味无穷。对于欣赏者来说，要具备独特的艺术鉴赏力和审美修养才能发掘海明威“海面下的宏伟冰山”，从而产生更多对生命的思考。

目　录

圣米歇尔广场上一家雅静的咖啡馆

随后，坏天气就来了。往往秋季一结束，这种天气总会不邀而至。夜里，我们①只好把窗户关得严严实实，免得雨水灌进来，而窗外凛冽的寒风则毫不留情地把壕沟外面广场上的枯叶卷走。落叶浸透着雨水，颤抖着、翻滚着，风驱赶着潇潇落下的雨滴扑向靠在终点站的庞大的绿色公共汽车，业余爱好者咖啡馆里人头攒动，里面闷热的空气在窗户上留下一层薄薄的雾，玻璃模糊不清。这家咖啡馆气氛阴郁，经营得很差劲，周边几乎所有的酒鬼全都拥挤在里面，反正我是绝对不去的，因为那些人身上臭气熏天，脏得要命，酒醉后发出一股酸臭味。经常去业余爱好者咖啡馆的大部分男女总是醉醺醺的。只要他们还有钱买醉，就是这样，一瓶或者半瓶，总之不来点葡萄酒是不会罢休的。店里大肆宣传许多名字十分古怪的开胃饮料，但毕竟喝得起的人不多，除非喝一点好酒垫底，然后把葡萄酒喝个醉。人们管那些女酒客叫作 Poivrottes，就是“女酒鬼”的意思。

业余爱好者咖啡馆是穆费塔路上的藏污纳垢之所，这条出奇狭窄、超级拥挤的杂货街直直地通向壕沟外的护墙广场。旧公寓里每层楼梯旁都有一间蹲坑厕所，在蹲坑两侧各有一个刻有防滑条的水泥浇成的鞋形踏脚，踏脚是凸起的，用来防止房客如厕时不慎跌倒，这些厕所的污物都冲到污水池里，而到了晚上，污水池臭烘烘的粪便即被抽到马拉的运粪车里。夏天，所有的窗户都敞开，我们会听到抽粪的声响，闻到刺鼻的臭味。运粪车要么是棕色，要么是橘黄色，当臭气熏天的运粪车在勒穆瓦纳红衣主教

---

① 指作者和第一任妻子哈德莉·理查森（1891—1979）。她比海明威大八岁，1920 年两人相遇，1921 年 9 月两人结婚，1921 年至 1926 年定居巴黎。

路缓缓行过时，那些装在轮子上由马拉着的圆筒车身，借着月色，宛若布拉克①的油画。然而，业余爱好者咖啡馆却无人清扫，门口张贴的禁止酗酒的条款和惩罚的法令已经泛着黄斑，沾满蝇屎和蚊虫尸体，根本无人理睬，这门口的一切就像那些来找乐子的顾客一样，身上永远散发着难以消散的怪味。

刚下几场寒冷的冬雨，这座城市变得更加糟糕，眼前到处是令人沮丧的场景，高大的白色房子再也看不见顶端，只见昏暗潮湿的街道，刚刚打烊的小店铺，卖草药的小贩，文具店和报摊，技术平庸的助产士，还有诗人魏尔伦②去世的旅馆，顶层有一间我处理事务的房间。

到顶层去要走六层或八层楼梯。屋里很冷，我知道我需要去买一捆细柴火，再来三捆铅丝扎好的半截铅笔那么长的松木劈柴，用来从细枝条上引火，当然，还需要一捆带着潮气的硬木，这样，火才能生起来，让屋里变得暖和一些，这得花不少钱呢！我走到街道的对面，抬头看着雨中的屋顶，看看烟囱是不是在冒烟，冒得怎么样。一缕烟也看不见，我想也许烟囱是冷飕飕的，密不通气，当然，也有可能是另外一种情况，室内可能已烟雾弥漫，燃料白白燃烧了，真是赔了夫人又折兵。我继续冒雨向前走，经过亨利四世中学、古老的圣艾蒂安山教堂和寒风凛冽的先贤祠广场，然后拐到右边去躲避风雨，一直转到圣米歇尔林荫大道背风的那边，一直向下经过克吕尼老教堂和圣日耳曼林荫大道，最后，我好不容易来到圣米歇尔广场上的我熟悉的一家雅静的咖啡馆。

咖啡馆里温暖、干净，而且老板对人特别和善。这里的气氛实在令人愉快。我脱下旧雨衣，挂在衣帽架上晾干，摘下那顶被风雨打湿的旧毡帽，挂在长椅上方的架子上，然后要了一杯牛奶

---

① 布拉克（1882—1963），法国著名画家，立体派创始人。

② 魏尔伦（1844—1896），法国抒情诗人，在文学史上，他是从浪漫主义诗人过渡到象征主义的标志。在他的代表作中，明确的含义和哲理是不存在的。他的第一部诗集《感伤集》，从技巧上来说，纯粹是模仿了象征派诗人波德莱尔。

咖啡。服务员端来了咖啡，我从上衣口袋里取出铅笔和纸张，便开始写作。我笔下的故事发生在密歇根北部，故事发生时的天气和现在一样，朔风肆掠、寒气逼人。我经历了少年、刚成年和青年的三个时期，早已见过这种秋风萧瑟的景象，在这里写这种景象，一定比在另一个地方写得好。也可以这么说，我必须让自己的心到另一个地方去。就像某些生物一样，在这里发芽成长，但是种子却要到别的地方去。可是，小说里的小伙子都在喝酒，我也感到喉咙干渴，随手叫了一杯马提尼克①朗姆酒。天冷，喝着这酒觉得特别醇香。我继续写着，感到浑身非常惬意，真是谢谢这杯马提尼克朗姆酒，它使我的身心在瞬间暖和了许多。

一个姑娘走进咖啡馆，独自在一张靠窗的桌旁坐下。她长得很漂亮，脸蛋像新铸的钱币一样光亮动人，当然，前提是如果人们用嫩滑的皮肉和被雨水滋润过的肌肤来铸造硬币。她的头发乌黑发亮，犹如乌鸦的翅膀，修剪得线条分明，斜刘海儿微微地贴在她的额头上。

我静静地看着她，我承认她扰乱了我的心神，使我变得异常兴奋。但愿我能把她写进笔下的这个故事里去，甚至是别的什么作品中也好。显然，她在等人。因为她的位置说明了一切，坐在窗边，既可以看到门口，又能看到街上。于是我继续写作。

每个作品，只要写了开头，它仿佛就会自动发展，为了配合它的步伐，有那么一会儿我真是绞尽脑汁。我又叫了一杯马提尼克朗姆酒。每当我抬起头来或者用转笔刀削铅笔，任凭刨下的螺旋形木屑掉进酒杯下的托盘中时，我总忍不住要多看一眼那位姑娘。

我遇见了你，美人儿，不管是哪个幸运的家伙让你如此等待，不管今后我还会不会再遇到你，现在你是属于我的，我清楚自己此刻的心跳。你是属于我的，整个巴黎也都属于我，我则属

① 马提尼克，西印度群岛中的一个岛屿，是法国的海外行政区之一，首府为法兰西堡。

于这个笔记本和这支铅笔。

不忍心再看，我接着又写起来，一头扎进了这个短篇，融入其中。现在它是随了我的心，而不是自动发展了。我没有抬头，没有注意时间，忘记了身处何地，忘记了眼前的马提尼克朗姆酒。我已经喝腻了马提尼克朗姆酒，不再需要它。我一鼓作气，终于完成了这个短篇。我感到非常疲倦。我默读了最后一段，再次抬起头来，发现那个姑娘已经走了。衷心希望她是跟一个好男人一起走的，我这样安慰自己，可我还是感到有些悒郁。

我把完成的短篇折起，夹在笔记簿里，再把笔记簿揣入上衣的暗袋里，最后向服务员要了一打葡萄牙牡蛎和半瓶干白葡萄酒，这些东西他们这都有。每次写完一篇小说，我的心头总感到一阵失落，既开心又悲伤，仿佛刚和女人睡完觉一样。尽管这样，我也总是肯定，这是一篇很好的作品，尽管还不能确定好到什么程度。我要到第二天重读以后才能知道。①

口中的牡蛎带着一股强烈的海腥味和淡淡的金属味，我一边品尝着冰镇白葡萄酒，一边享受着那海腥味和多汁的蛎肉。从每个贝壳中吸出那冰凉的汁液，美美地来一口味道清新的葡萄酒，一饮而尽，空空如也的感觉消失了，我又高兴起来，我想是该着手制订新计划的时候了。

既然坏天气不能避免，我们还不如离开巴黎一段时间，去一个下雪的地方，那里不下雨，只下雪。雪花透过松树飘飘落下，覆盖了道路和高高的山坡。山高人静，我们在夜色中往家里走去，脚下发出嘎吱嘎吱的响声。在前锋山②南有一座用木头修建的别墅，那里住宿条件极好。住在那里，我们可以一起看书，夜里双双躺在温暖的床上。最好让窗户大开着，这样我们便能欣赏夜晚的雪景或是满天星斗。那里绝对是我们值得一去的地方。坐三等车花不了多少钱，而且那儿吃住的开销也和我们在巴黎花的

① 作者创作的这个短篇是《在密歇根北部》。

② 前锋山，瑞士西南部日内瓦湖东北湖畔的一座小城。

不相上下。

我写作的那个房间，得马上退掉，接下来，只需付勒穆瓦纳红衣主教大街 74 号的房租了，那是微不足道的。前段时间，我给多伦多[1]写过一些新闻报道，不出意外，稿费的支票就在这几天寄到。这样的报道，在任何地方任何情况下，我都能写，所以去这一趟的钱还是有的。

或许，只有离开了巴黎，我才能写巴黎，就像在巴黎，我能写密歇根一样。我不太确定现在动笔，是不是为时尚早，我深知，我对巴黎还不够熟悉。实际上，最后巴黎确实是这样写出来的。无论怎样，只要我的妻子想去，我们一定会去。想到这，我吃完牡蛎，喝干了酒，又付了我在这家咖啡馆里的欠账，然后我抄近路冒雨回去——眼前这不过是个糟糕的天气而已，它并不足以影响人的生活——赶回前锋山，回到山顶上那套可以看星星的房间。

“真是绝妙的主意，塔迪[2]。”妻子说。她有一张线条优雅的脸蛋，每次我做什么决定，她的眼神和面容都散发着光亮，仿佛接到了丰厚的礼品。“我们什么时候动身好呢？”“随时都可以，只要你愿意。”

“啊，马上就走。难道你不知道我的心思？”

“等我们再次回来，这儿的天气或许已经大晴。等天气晴朗了，再冷一点，这里才刚刚好。”

“一定会的。”她说，“还有，你想到出去玩，真好。”

---

① 指《多伦多星报》。海明威早年曾任该报驻巴黎记者，后来才辞职当专业作家。

② 塔迪，是海明威给自己起的绰号。这里是哈德莉对丈夫的爱称。

斯泰因小姐垂教

当我们再次回到巴黎，天气果然好了许多，万里无云，令人愉快。城市已经进入深冬，在我们街对面，就有一个出售木柴和煤炭的地方，那里有上好的木柴供应。这里好点的咖啡馆外边都生着火盆，使人在台阶上也能够取暖。我们住的那间公寓很暖和，住在里面令人愉快。我们取暖用的是煤球，那是用煤屑压成的球形煤团，先把木柴点着，再把煤球放在柴火上。街上，冬夜的灯光显得十分美丽。现在，我已经习惯了这里那些光秃秃的树木直指向蓝天的冬日风景。我迎着急速而过的冰冷的寒风，走在被雨水冲洗过的砾石小径上，穿越卢森堡公园。习惯了冬天，你会发现这些没有树叶的树木像是雕塑，而掠过池塘水面的寒冷的风也会和喷泉一起在明媚的阳光中跳动着。去过山区以后，再长的路也不觉得远了。

回到这里，与那些小山坡相比，这儿的楼梯算不了什么，偶一注意便产生愉快之感。站在顶层的办公室里，可以清楚地看到四周高山上每家每户的屋顶和烟囱。房内的壁炉通风良好，炉火很旺，工作起来既暖和又舒适。我从外面买了柑橘和烤栗子装在纸袋里带回来，吃橘子时，剥掉外面的皮，把清爽的小橘子一瓣一瓣放进嘴里，把橘皮扔进火里，把核也吐在火里。因为天冷、写作，又老走路，我总是觉得肚子饿。在顶楼房间，我藏了一瓶樱桃酒，它是我们从山区带回来的。每当一篇小说快要完成或者一天的工作快要结束时，我就拿出来喝上一口。每次完成当天的工作内容，我就会把笔记簿或者稿纸放进写字桌的抽屉里，把吃剩的柑橘装在我的口袋。柑橘留在屋里过夜会冻坏的。

如果运气好，手里的稿件进度就很快。我从一段段长长的楼梯往下走，心里乐滋滋的。我的习惯是必须干出一点成果才能停笔。而且我还要在当天停笔前把下一步该怎么写想好。因为只有这样，第二天的工作才能顺利继续下去。但是刚开始写一篇新小说时，我就常常没办法写下去。这时我就会坐在炉火前，把玩着小橘子的皮，把皮中的汁水挤在炉火里，看那蓝色的火焰噗噗地蹿起来。或者，站在窗前俯瞰这座城市的千家万户的屋顶，安慰着自己："慢慢来，你以前也是这样写完的，现在也同样能写下去。你只要写出心中的真实感受就行，写上一句你所知道的最真实的句子。"于是，我真的开始重新提笔，再次书写内心的感受，然后，一切顺利起来。下面就容易了，因为总是有一些是我所熟悉的——真实的感受，曾经看到过的，或者曾经听到过的。很不喜欢那种煞费苦心的写法，像是故意在介绍或者推荐什么东西，一旦发现这种华而不实的装饰，我会迅速删去，取而代之的是一句简单而真实的陈述句。就是在那个顶楼房间里，我决定要把装在心中的每件事都写成小说。我在写作时始终要求做到这点，这也是一种严格而有益的锻炼。

同样在那间房间里，我学会了暂时休息，在我当天停下笔来到第二天再开始写作的这段时间里，凡是与写作有关的任何事情，我一概不想不问不说。我希望这样就能让我的潜意识去构思作品。在这段时间，我可以听别人说话，观察每个事物。以前总想有点时间学习，这也是机会，抱着书本读一读，充实自己，避免思考作品。放松的时候如果还想着工作，真是令人心烦，后面的工作也没法进行下去。要想写作进展顺利，除了自我约束以外，还需要极好的运气，否则，写作简直就是一件耗时耗力的苦力活。步行下楼就感到心情格外舒畅，可以随意到巴黎的任何地方去散步。

如果下午我再换个路线到卢森堡公园去，我就可以径直穿过这座公园，最后转到卢森堡博物馆去，那里有不少名画，现在那里的许多名画大部分已转移到罗浮宫和网球场展览馆去了。我几乎每天都要去那里去看看塞尚、马奈、莫奈以及其他印象派画家的作品，他们都是我最开始熟悉的画家，那个时候，我还在芝加哥美术学院。我从没停止过向塞尚的画学习技巧，我明白，对于小说创作来说，简单而真实的句子并不足以撑起小说该有的深度，而我的小说，必须具有深度。我从塞尚那里学到很多，但由于表达能力不够，无法向别人言传，再说这也是我的秘密。有时候，如果卢森堡博物馆里灯光熄灭了，我会索性一直穿过公园去花园路27号，葛特鲁德·斯泰因[①]的那套带工作室的公寓就在此地。

我和我的妻子已经拜访过斯泰因小姐了，她和同住在一起的朋友[②]对人非常亲切友好，她那间挂着名画的大工作室深受我们喜欢。要不是有个大壁炉，这里真像第一流美术馆里收藏珍品的房间，暖和舒适，她们用尽可能好的东西招待你，茶和用紫李、黄李或野覆盆子制作的甜酒，这些美酒，气味芳香，晶莹剔透。盛酒的是一个刻花的大玻璃瓶，喝的时候，倒在小玻璃杯中。不管它们是不是 questsche，mirabelle 或者 framboise[③]，味道一如那原本的果实，每喝一口，你的舌头上都仿佛燃起一团恰到好处的火，暖和了你的身子，使你话也多起来了。

斯泰因小姐身材不高，骨架却很大，结实得像个农妇。她那张坚定的德国犹太人或弗留利[④]人的面容上长着一双美丽的眼睛。她衣着随意，表情丰富，头发浓密而富有生气，发型还是以前大学读书时的那种，这些都使我联想到意大利北部的农妇。她不停地说着，一开始总是谈熟人和旧地。

---

① 葛特鲁德·斯泰因（1874—1946），生于美国宾夕法尼亚州，先后就读于拉德克利夫学院和约翰斯霍布金斯大学。1902年前往欧洲，一直到去世，她始终蛰居巴黎。她在文学创作上是一个实验派，写作强调文字重复，讲究集中，其中极致的作品使人不忍卒读。20世纪20年代中期，她的工作室是侨居巴黎的英美作家、艺术家会聚的中心之一。

② 指艾丽斯·巴·托克拉斯（1877—1967），斯泰因的秘书兼女伴。斯泰因与她有同性恋关系。斯泰因曾以艾丽斯的口气写成《艾丽斯·巴·托克拉斯自传》一书（1933年出版），这本书实为斯泰因本人的自传。

③ 即上文所指用紫李、黄李或野覆盆子制成的酒。

④ 弗留利：今意大利东北部一个古地区，历史上受到许多邻国入侵，一再易手。1918年终于回到意大利。1945年，其东部地区被划入前南斯拉夫。

斯泰因小姐的同伴有一副非常悦耳的嗓子，人长得黑而瘦小，头发修剪得像布泰·德·蒙韦尔插图中的圣女贞德，正前方顶着一只很尖的鹰钩鼻。我们第一次见面时，她正在绣花边，她一边绣着，一边照看食物和饮料，还和我的妻子聊天。她挺神奇的，跟一个人交谈，却能同时听着两个人讲话，偶尔还会突然打断那个并没有对她说话的人。后来她对我们解释说，她总是和客人的妻子交谈。两位主人对每位男性朋友的妻子都很宽容，我的妻子和我都有这种感觉。尽管斯泰因小姐的朋友有点使人不敢接近，但我们的确很喜欢她们。那些油画真是精品，请我们吃的糕饼和白兰地酒也确实好极了。她们似乎也喜欢我们，待我们非常好，好像我跟妻子是两个非常懂事、礼貌、有前途的孩子。看得出来，她们并不排斥我和妻子深深相爱，或者，她们出于友好的原因原谅了我们。当我的妻子邀请她们来用茶点时，她们就欣然接受了。

“写得不错，[①]”斯泰因说，“但这篇东西 inaccrochable[②]，总是有点怪怪的，那感觉就像某个画家画了一幅画，举行画展时，他却没法把它挂出来，供大家欣赏，也没人会买，因为他们也挂不出去。”

“也许这是可行的，只不过是你习惯用一些众人经常用的字眼儿呢？假如只有我的文字才能使这篇小说显得更真实，而又必须使用呢？那就只好用了。”

“你根本没有明白我的意思，”她争辩道，“你绝不能写不登大雅之堂的东西，因为那样做毫无意义。那是错误的，也是不太聪明的。”

斯泰因小姐想在《大西洋月刊》上发表作品，她告诉我，她一定会的。她还认为，像我这样的作家还不够优秀，在《大西洋

---

① 到了我们家，她们似乎更喜欢我们了。当然，我怀疑，这种好感是由于地方太小，我们靠得很近的缘故。斯泰因小姐坐在地铺上，她提出要看看我最近写的短篇小说，难得的是她都表示喜欢，除了《在密歇根北部》这一篇。

② 这是一个法语词，意为“无法挂出来的”。

月刊》或《星期六晚邮报》上发表作品没戏，但我也许算个与众不同的新型作家。最后她还奉劝我最好不要在那些无法印出来的短篇小说上花费时间和精力。对此我没有争辩，也不想再解释我的尝试，在人物对话上的新尝试。毫无疑问，这是我自己的事，还是听别人讲有意思得多。那天下午，她还告诉我们，买画应该注意什么。

“你考虑一下，要么买衣服，要么买画，”她说，“事情就是这么简单，没有足够的钱，谁也不能做到鱼和熊掌两者兼得。不要在乎穿什么，更不用搭理什么时尚，衣服只要舒服经穿就行了，这样，就能省下不少钱买画了。”

“可就算我一件衣服也不买，”我说，“那我也买不起我想要的那些毕加索的画。”

“对，因为这已经超出了你的能力范围。你得去买一些和你一样当过兵的那些年轻画家的画，认识他们很容易。你会在这里[①]时不时碰到他们，那么多人，总会出现几个优秀的严肃画家。不过，成天买那么多衣服的不是你，而是你的妻子。女人的服饰才贵呢。”

我注意到我的妻子尽量不去看斯泰因小姐的穿着，那是一身古怪得似乎只有旅客才穿的衣服，斯泰因小姐如同自己说的那样，她真的做到了。大家告别的时候，我们又受到她们愉快的邀请，她请我们再到花园路 27 号去玩。

我再次接到斯泰因小姐的邀请，那是后来的事了。冬季下午 5 点钟以后，任何时候我都可以去她的工作室。我是在卢森堡公园认识斯泰因小姐的，不太能记清她当时是不是在遛狗，也想不起来她那时究竟有没有狗了，只记得当时，我独自散步。坦白地说，那个时候，我们根本养不起狗，甚至连一只猫也养不起。我所见过的猫，不是在咖啡馆，就是在小餐馆，还有可能是在豪华公寓的看门人的门房窗台上见过那些大猫。后来，在卢森堡公园

① 指塞纳河左岸的拉丁区，此地在当时是文人艺术家聚居之地。

我常常碰见斯泰因小姐带着她的狗，不过我想第一次见面时她还没有狗。

有狗也罢，没狗也罢，我反正接受了她的邀请，慢慢地成了习惯，经过时总会去她的工作室逗留，而她呢，每次都会请我喝自然蒸馏的白兰地，我喝完一杯，她会马上斟满。我一边看墙上的画，一边和她交谈。那些画每一幅都能打动人，所以，每次交谈，都很享受。大部分时间我都在听她讲，讲现代派绘画和那些画家的主要情况。在她的讲述中，那些画家已经不再是画家，而是一些普通人。她还谈她自己的写作，她把自己写的一摞摞原稿给我看，这些原稿都是她的女伴每天用打字机打出来的。每天写作使她心情愉快，等到后来我对她的了解日益增多，我发现，对她来讲，保持生活充实愉快的最好办法，就是每天都写（写多少根据当天的精力来定），并且保证这些文字顺利出版。当然，还需要得到读者的赏识。

我刚认识她的时候，这个问题还不那么尖锐，因为她已经有三篇通俗易懂的小说发表了。其中那篇《梅兰克莎》写得尤其好，在她的那些实验性作品中，这篇简直就是优秀范例，当时已经以单行本①形式出版，并且得到了很多评论家的赞扬，这些评论家，有些曾见过她或者与她熟识。她的性格很有吸引力：她要是想把一个人争取过来，那谁也抗拒不了。有不少评论家看过她的藏画，虽然有的看不懂，但是他们没有表示异议，因为他们喜欢她的性格，也相信她的判断能力。关于节奏的许多法则和重复使用相同词汇的好处，也是她提出来的，这些发现很有道理，也很有价值，谈起这些来她能讲得头头是道。

斯泰因小姐特别厌恶修改文字的工作，因为她觉得这工作单调乏味，还讨厌必须把小说写得通俗易懂这种要求，在她看来，这不是自己的责任。但是她想出本书，并渴望得到读者认可，尤

① 即《三个女人》，其中收有《好安娜》《梅兰克莎》和《温柔的莉娜》三个中篇，于1909年出版。

其是那本名为《美国人的形成》的书，这本书长得惊人。

这本书的开篇极为精彩，紧接着的很长一部分发展也相当不错，不断出现让人眼前一亮的段落，可惜的是再往下就成了没完没了的反复叙述。这要是换作一个很认真又比她勤快的作家，这些东西早就被扔进废纸篓了。我想让——也许该说是警告福特·马多克斯·福特①深切认识到这一点，要真在《评论》上连载这部作品，恐怕到这份评论刊物停刊，还连载不完。为了在《评论》上登载，我只好替斯泰因小姐通读一遍，且全部做了校样，谁让这种枯燥的工作不能给予人家任何乐趣呢！

午后如此的寒冷，我经过公寓门房，穿过凉飕飕的院子，来到温暖的工作室，上面讲了许多，其实这都是几年以后的旧事。这天下午斯泰因小姐跟我讲了许多关于性的知识。那时候我们早已非常熟悉了，我也逐渐懂得，以前我曾不明白的诸多事情很可能同这方面有或多或少的关系。斯泰因小姐觉得我在性问题上太孤陋寡闻了，我自己承认，自从我对同性恋的一些较为原始的方面有了初步了解以后，我承认我对同性恋的确抱有成见。我知道这就是为何当你还是个小孩，“色狼”这个词还没有用来称呼那些天天幻想着、追逐着女人的男人时，你就得随身准备一把刀子，以便必要时使用，只有这样，跟一群流浪汉在一起厮混，才安全点。在堪萨斯城的那些日子②里，通过那个城市的不同区域、芝加哥以及水路上那些船只上的习俗，我懂得了不少不登大雅之堂的行话和短语。在斯泰因小姐的追问下，我只好努力向她解释，一个小孩在男人堆里鬼混的时候，就得做好夺人性命的准备，必须懂这些事，为了不让自己受到骚扰，你只能这样做。这么说总可以登大雅之堂了吧。如果你准备好了要杀人，别人当然

---

① 福特·马多克斯·福特（1873—1939），英国小说家、诗人、编辑、评论家。1924年在巴黎主编《大西洋彼岸评论》，发表过乔伊斯、海明威的作品，他常资助年轻作家。

② 海明威1917年中学毕业后，曾在堪萨斯城星报社任记者，1918年，至意大利任红十字会驾驶员。

能感觉到，谁还会轻易来打扰你呢。当然，还有一些境地，别人怎么逼你，或者诱你上当，你都不会中了他的圈套的。假如使用那些好色之徒在船上经常用的一句无法印出来的话："嘿，有缝就好，有眼更妙。"的确，这样我能把我的意思更清晰生动地表达出来。但是，我和斯泰因小姐说起话来，总是有点提心吊胆，即使引用某些原话能更好地反映我的疑惑，我也是小心翼翼，谨慎有加。

"是啊，是啊，海明威，"她说，"可你那时候是生活在罪犯和堕落分子的环境里啊！"

对于这个，我不想再争辩，尽管我承认自己曾在那样的一个环境中生活过，遇到了那些各式各样的人。我也曾尽量去理解他们，虽然他们中的很多人我并不喜欢，对另一些人现在还怀恨在心。

"可是那位风度翩翩、名头很响的老人，他在意大利曾带了一瓶马尔萨拉或金巴利酒[①]跑到医院里探望我，言谈举止好得不能再好，可后来为什么我不能忍受了呢？终于有一天，我跟护士说，以后再也不要让那人来我房间了，很奇怪吧！"我问道。

"那些是病态的人，他们自己也控制不住，你应该同情他们。"

"难道我必须可怜某某人吗？"我问道。当时我提了这个人的姓名，但现在，我就不提他的名字了，因为他极爱自报其名。

"不，他是个坏家伙，他诱人堕落，实在是个恶人。"

"他不是个优秀的作家吗？"

"不是。"她说，"这人不过是爱出风头，把别人带向腐化堕落，这是他的乐趣，他热衷于干这些，还引诱人们染上吸毒等其他恶习。"

"那么我该可怜那个在米兰的人吗？他不是想引诱我堕

① 马尔萨拉酒：产于意大利西西里岛马尔萨拉港的一种红葡萄酒，味道淡而甜。金巴利酒指意大利金巴利公司生产的带辣椒味的开胃酒。

落吗?”

“别犯傻了，他怎么可能引诱你堕落呢?用一瓶马尔萨拉酒去引诱一个像你那样喝烈酒的小伙子吗?不行的，他是个可怜的老人，连自己手里的事都处理不了。他有病，实在没办法，你应当同情他。”

“那时候我确实是可怜他的，”我说，“可是我感到无望，因为他是那么彬彬有礼。”

我又呷了一口白兰地，我心底一面可怜起那个老人，一面注视着毕加索的那张裸女画和一箩筐鲜花的画。这次谈话不是我开的头，但现在我觉得情形有些不妙。跟斯泰因小姐聊天，想要停下来几乎不可能。现在终于停下了，她仍显得有点意犹未尽，我在杯里斟满了酒。

“海明威，你对这事可真是一窍不通，”她说，“你认识的不过是一些人人皆知的罪犯、变态狂和邪恶的人。但问题主要在于男同性恋的行为是丑恶的，并且使人反感的，他们自己完事后也讨厌自己。所以，他们便用喝酒、吸毒来麻痹自己的心情。不管怎么说，他们也不喜欢这样，他们不断变换伙伴，但总不能获得真正的乐趣。”

“明白了。”

“可女人就完全不是这样。女人一般极少做她们感到厌恶的事，她们如果反感这事，是肯定不会干的，当然事后她们是快乐的，她们能长久地住在一起，并且很愉快。”

“明白了，”我说，“可是某某某又是怎么回事呢?”

“她可坏透了!”斯泰因小姐说，“她确实是够邪恶的，她自然也很少感到快活，除非有了新的目标，还让这个人跟她一样堕落。”

“明白了。”

“你确定明白了?”

那段日子，我要弄清的东西实在太多了。所以，有时候，我们聊点新的话题，我便觉得高兴。公园关门了，无奈之下，我只好沿着公园外边步行到沃日拉尔路，转过公园南端。公园关了门，还上了锁，看上去显得凄凉，我必须绕过公园，而不是穿过去。穿过去的话，就直接到勒穆瓦纳红衣主教路了，那样很快就能回到家里，想到这个就更让人不高兴了。可这一天开始时多么美好啊！看来，明天我就得抓紧工作了。工作几乎能治愈所有病痛，那时我相信这一点，现在仍然如此。那时我必须治愈的毛病，我相信斯泰因小姐已心知肚明了，那就是关于青春和我对妻子的爱。回到勒穆瓦纳红衣主教路的家里，不好的情绪一扫而光，我把刚刚学的知识给妻子讲了一遍。那晚，我和妻子想起我们已经拥有的那些知识，还有我们最近在山里学到的一些新东西，感到非常满足。

“迷惘的一代”

在斯泰因小姐那里，观赏名画既能享受那里的温暖，还能与斯泰因小姐交谈，所以，我养成了在傍晚顺便去花园路27号逗留的习惯。斯泰因小姐常常闭门谢客，不过她总是非常热情，有很长一段时间态度还非常亲切。每当我为加拿大报社或那些通讯社外出，报道一些政治性会议回来，或者从近东和德国旅行归来，她总问我一路的见闻，于是，我就把所有有趣的逸闻讲给她听。故事里少不了有逗人发笑的地方，她就喜欢这些，也喜欢听德国人所谓的“绞刑架上的幽默”[①] 的故事。她想知道的是当今世界快乐的一面，而不是那些真相，那些丑恶。

我那时年少，根本不懂什么才是真的愁苦，而且在糟糕的时候，总会突然发生一些奇怪和滑稽的事情。斯泰因小姐特别钟爱这些，其他的事情我没有讲，我计划把它们写出来。

有时我没有外出旅行，在工作之余去花园路转悠的时候，我会设法让斯泰因小姐多聊聊书籍方面。我写作的时候，每次搁笔休息时都必须看看书。如果你总是想着写作的事儿，很快就会失去你创作的头绪，第二天想顺利写下去，很难。必须活动活动，使身体感到疲倦，当然，如果能和你所爱的人共享云雨之欢，可以说比什么都强。但是除了这些，当你心里感到空虚时，就得读点书，免得又被写作的事占据大脑，那样就太烦恼了。我已经学会了，如果写作是一口水井，我可不想把自己掏空，必须要在井底深处还留下一些水，我已经学会停笔，等待着夜里，让那给井供水的泉源把井重新装满。

为了在搁笔休息后不去考虑写作，我会读一读目前还在继续

① 即现在通称的“黑色幽默”。

创作的作家的作品，像奥尔德斯·赫胥黎、戴·赫·劳伦斯，或者其他已有作品享誉文坛的作家，如果我能从西尔维亚·比奇①的图书馆或者塞纳河畔码头书摊上弄得到的话。

“赫胥黎的文笔死气沉沉。”斯泰因小姐评判道，“为什么要读一个没生气的人写的东西呢？你难道对他的无趣毫无感知吗？”

当时我确实还没有看出他的文笔死气沉沉，我只好这样回答：“读他的书不用思考，用来消遣很不错。”“你要么读读那些真正的好书，要么干脆读读显而易见的坏书。”

“去年冬天和今年一年我都在阅读一些确实不错的好书，到明年冬天我还将继续看一些自己认为不错的书，我不喜欢绝对的坏书。”

“你为什么要读这种没用的书呢？这简直是华而不实的垃圾，作者是行尸走肉。”

“我只是想知道他们在写些什么，”我说，“而且这样能使我的思路转移开去。”

“你还读谁的书？”

“戴·赫·劳伦斯，”我回答，“他有几篇非常好的短篇小说，其中有一篇叫作《普鲁士军官》。”

“我正在努力读他的长篇小说。他简直令人没法忍受，既可悲又荒谬，他是在无病呻吟。”

“我最爱看他的《儿子与情人》和《白孔雀》，”我说，“也许《白孔雀》也很一般，不过，我实在欣赏不了《恋爱中的女人》。”

“如果你不想看糟糕的书，想读一些自有其奇妙之处的东西，

---

① 西尔维亚·比奇（1887—1962），生于美国，十四岁随父亲来到巴黎，迅速爱上法国和法国文学。1919 年，比奇在巴黎奥德翁路开设书店莎士比亚公司，出售图书杂志，并开了一家“出租图书馆”，该馆成为法国文学家、艺术家和侨居巴黎的英美作家的长期活动中心。1941 年，莎士比亚公司被纳粹关闭，比奇被关押在集中营达六个月，后来逃出，隐居在巴黎。海明威随盟军打回巴黎后，帮他彻底恢复自由。

那么你该读玛丽·贝洛克·朗兹①的作品，它绝对能吸引你的兴趣。”

我从未听说过她，于是那本关于“开膛手”杰克的绝妙小说《房客》被斯泰因小姐很慷慨地借给我看，同时借给我的还有另外一本书，描述的是发生在巴黎郊外可能是昂吉安温泉城②附近的一件谋杀案。这两本都是极好的消遣小说，人物看起来很真实，故事情节和那些悲惨的场面也没有虚假的感觉。工作之余看看它们真是再好不过了。于是，我接连阅读了贝洛克·朗兹太太全部的作品，凡是能弄到的我都看。可是她的书就那么些，并没有一本能超过前面提到的那两本，而在西默农③的成名作问世以前，我还真没发现有什么书像她这两本那样，不管在白天或夜晚，只要你感到空虚，都适合阅读。

我想，说不定斯泰因小姐也会喜欢西默农的佳作——我读的第一本可能是《第一号船闸》或者是《运河上的房子》，具体哪一本，现在我不太肯定，因为在我刚认识斯泰因小姐时，她不怎么愿意看法文书，尽管她常说法语。这两本我最初读的西默农的作品是珍妮特·弗朗纳④给的。她很喜欢读法文作品，当西默农还担任报道犯罪案件的记者时，她就开始读他写的东西了。

在我们关系最亲近的那三四年里，我不记得葛特鲁德·斯泰因曾对什么人说过好话，因为那些人都没有撰文称赞过她的作品，或者是做过一些有利于她工作的事。唯一的例外是罗纳德·弗班克⑤和后来的斯各特·菲茨杰拉德。我和她初次见面时，她

---

① 玛丽·贝洛克·朗兹（1868—1947），英国小说家，擅长写历史小说及凶杀疑案故事。《房客》（1913）曾被搬上银幕。

② 昂吉安温泉城位于巴黎北郊，为巴黎人常去的旅游胜地。

③ 西默农（1903—1989），比利时法语多产作家，代表作品有“梅格莱探案”系列小说。

④ 珍妮特·弗朗纳（1892—1978），时任美国《纽约人》周刊驻巴黎记者。

⑤ 罗纳德·弗班克（1886—1926），英国小说家，自小体弱，于剑桥大学肄业两年后，为恢复健康，到处去旅行。著有浪漫主义小说多种。

跟我谈起舍伍德·安德森①时，没有把他当作一个作家，而是把他当作男子，神采飞扬地夸了他那双美丽温暖的富有意大利味的大眼睛，还说到了他的平和和最具魅力的方面。我不在乎他的美丽温暖的意大利式的大眼睛，但非常喜欢他的几篇短篇小说。那些作品朴实无华，很多段落写得美极了，他了解自己笔下的人物，对他们有深厚的感情。斯泰因小姐一个劲地谈他这个人，闭口不提他的短篇小说。

“他的小说怎么样?”我问她。她不想聊什么安德森的作品，就像她不愿说起乔伊斯的作品那样。只要你在她面前两次提起乔伊斯，她就不会再请你上门了。这就好比你在一位将军面前称赞另一位将军。如果你犯过这样的错误，下次就不该再犯了。可是，你永远可以在一位将军面前，没完没了地谈起那个被他击败过的将军。那样，这位正和你交谈的将军还会对那位被他打败的将军赞美一番，并且兴高采烈地描述他如何把对方打败，连细节都讲得很清楚。

安德森的短篇小说写得非常出色，作为愉快的话题明显有些不合时宜。我原本打算跟斯泰因小姐讲此人的长篇小说写得如何差劲，但这么说并不见得好，因为这样简直就等于批评她的最忠诚的支持者之一了。后来，他写了一本糟糕至极的小说《黑色的笑声》，不但愚蠢而且虚伪，我禁不住在一部戏作②里挖苦了一番，这使斯泰因小姐大为恼怒，因为我攻击了她圈子里的朋友。在那之前很长一段时间，她没有生过什么气。而到了安德森作家地位一落千丈以后，她便大张旗鼓地开始吹捧他了。

她也生埃兹拉·庞德的气，原因是埃兹拉把工作室里的一把椅子坐坏了，那椅子又小又不稳。当时埃兹拉坐得太猛，结果可能压得开裂了，没准这把椅子是故意给他用的。她没想过，他是

① 美国作家舍伍德·安德森（1876—1941），1919 年发表了《小城畸人》，随后成为当红作家。

②《黑色的笑声》出版于1925 年。第二年海明威就发表模仿之作《春潮》，加以讽刺。

个有名的诗人，温婉礼貌，举止大方，本来是不用出这个丑的。你看，她不喜欢埃兹拉，便找了这么一个巧妙而恶毒的理由，当然这些都是好几年以后才编造出来的。

那年，我们刚好从加拿大回来，暂时住在乡村圣母院路，那时，我跟斯泰因小姐关系还很好，她提出了一个新说法——迷惘的一代①。她那辆老式福特T形汽车的点火装置出了毛病，在汽车修理行，给她修车的年轻人在大战的最后一年曾当过兵，因为修理的手艺不太熟练的缘故，或者是他没有越过那些先来的车子提前给她修车，总之，他干活很不认真，她提出了抗议，年轻人被修理行老板当场狠狠地批评了一顿。老板批评道："你们全都属于迷惘的一代。"

"你们就是这一类人，你们一个个都差不多。"斯泰因小姐说，"你们这些从战场上下来的年轻人都是。个个都是迷惘的一代！"

"是吗？"我说。

"就是，"她坚持说，"你们蔑视一切，喝酒喝到醉死方休。"

"可是那个修车的小伙子喝醉了吗？"我问道。

"应该没有。"

"那你看见我经常喝醉吗？"

"你虽然没有，可你的朋友都是些酒鬼。"

"我喝醉过，"我说，"但我从没有带着一副醉醺醺的嘴脸上你这里来。"

"是没有。我并没有这么说。"

"那车行的老板八成在上午11点钟就喝醉了，不然他不会说出你觉得动听的话来。"我说。

"别跟我争辩了，没用的，海明威。"斯泰因小姐说，"争也没好处，你们都是迷惘的一代，汽车修理行老板说得没错。"

---

① 原文为法语。Génération perdue，我们一向译作"迷惘的一代"，但用今天流行的词汇，该作"失落的一代"。

后来，在我写个人第一部长篇小说[①]的时候，我就把斯泰因小姐发扬光大的汽车修理行老板的这句话和《传道书》中的内容相对照。但是，那天晚上我步行回家时，不禁想起汽车修理行的那个小伙子，当初那些汽车被改装成救护车时，不知道他有没有被拉去当司机。[②] 那时的情景历历在目，装了一车伤员的车子从山路冲下来，最后只有狠狠踩住刹车，甚至用了倒车挡，刹车片被磨损得很厉害，还记得最后那几辆车如何空车驶过半山，为的是能有大型菲亚特汽车来替代，因为菲亚特汽车拥有更加优良的H形变速装置和金属刹车。我想到斯泰因小姐和舍伍德·安德森，还有自我约束，这种约束是与自我为中心和精神上的懒散相对而言的，究竟谁在说谁是迷惘的一代？

我沿着山坡走向丁香园咖啡馆时，灯光正好照在我的老友内伊元帅[③]的塑像上，月光下的树荫落在这青铜雕像上，他手中握着指挥刀，孤零零地站在那里，身后空无一人。他在滑铁卢败得多惨啊！我想起曾经死去的所有人，其实，每一代人都会被一些事情搞成迷惘的一代，过去是这样，将来也是这样。我在丁香园坐下，就当是跟这雕像做伴，喝了杯冰镇啤酒，然后再回锯木厂楼上的家里去。坐在那儿一点点地喝着啤酒的时候，我抬头注视雕像，遥想起拿破仑当年带着科兰古[④]乘着马车从莫斯科逃离的狼狈模样，想起内伊曾率领后卫部队一起激战的岁月，我想起斯泰因小姐是个多么热情、亲切的朋友，她那时讲的阿波里奈尔多

---

① 指《太阳照常升起》，作者把那句话和《圣经·传道书》第一章第四节到第七节一起放在卷首。

② 1918年，在意大利北部战线，作者曾为红十字会志愿开救护车。

③ 米歇尔·内伊（1769—1815），传奇式英雄，此人为拿破仑手下著名军事将领，骁勇善战，参加过拿破仑的历次战争。1804年，被授予元帅头衔。1813年，拿破仑率军远征俄国，内伊被封为莫斯科亲王，法军最后从莫斯科撤退时，他任后卫部队指挥。

④ 科兰古（1773—1827），法国将军，时任拿破仑的外交大臣。从1804年开始，他作为拿破仑的御马总管，在数次重要战役中始终追随在拿破仑左右。他的回忆录是那一时期重要的史学材料。

么精彩啊！她讲起1418年，阿波里奈尔在双方息战的当天去世，当时百姓高声呼喊“打倒纪尧姆”。而昏迷中的阿波里奈尔还以为百姓在倒他的台。[①] 我想，我要尽量帮助他，不管时间过去了多长，一定要让她创造的那么多的宝贵财富，得到应有的承认，请上帝和迈克·内伊[②]以神力相助吧。但至于她说的什么迷惘的一代，就让这所有随便贴上的肮脏标签都统统见鬼去吧！我回到家里，走进院子，上了楼，正好看见妻子、儿子，儿子和他的小猫“F猫咪”都带着愉快的神情。壁炉里的火静静燃烧着，我对妻子说：“不管怎么说，葛特鲁德是个好人，你知道的。”

“那是当然，塔迪。”

“可她有时候也确实胡说八道。”

“我可从来没有听她唠叨过，我是你妻子，一直跟我说话的，是她的女伴。”我的妻子说道。

---

① 法国现代主义诗人阿波里奈尔（1880—1918），名为纪尧姆，纪尧姆也是威廉在法语中的读音。此处群众要打倒的其实是德皇威廉二世。

② 内伊的名字米歇尔在英语中的爱称为迈克。

莎士比亚图书公司

那时候我没钱买书，只能从莎士比亚图书公司专门出借书籍的图书馆借书看。莎士比亚图书公司的位置在奥德翁剧院路12号，公司包括西尔维亚·比奇开设的一家图书馆和一家书店。在那条寒风凛冽的街道上，这可是个温暖、舒适的去处。冬日里，图书馆里生着一只大火炉，书架和桌子都被书籍塞得满满的，橱窗里陈列着新书，墙上挂了许多已故和在世的著名作家的照片。那些照片看上去全是快照，一眼望去，竟觉得那些辞世的作家还活着似的。西尔维亚的脸线条分明，表情十分活泼，褐色的两眼犹如小动物的眼睛那般灵活，波浪式的褐色头发很浓密，看起来像年轻姑娘的秀发那样欢快，从她漂亮的鬓角往后梳着，一直修剪到她耳朵以下，和身上穿的那件褐色天鹅绒外套的领子高低差不多。她的两条腿也很好看，说话和气，懂得关心人，也爱开玩笑、闲聊天，让人十分愉快。我认识的人中要算她对我最好了。

我第一次进书店时十分羞怯，因为身上压根儿没钱可交，成不了图书馆的会员。她告诉我，先填一张卡也可以，等我有了钱再付押金也不迟，并且说我想借几本书就借几本书。

当时她并没有理由相信我，她并不认识我。而且我留给她的地址，是勒穆瓦纳红衣主教路74号，谁都知道，这是一个穷得不能再穷的地方。然而她却是那么愉快，那么热情，那么亲切。在她身后，一个个书架摆满了图书，这些图书无疑都是这家图书馆的财富，它们像墙壁一般高高的、长长的，那头一直伸到通向大楼内院的那间里屋。

我先看屠格涅夫的作品，拿了两卷《猎人笔记》，还有戴·赫·劳伦斯的一部早期作品，大概是《儿子与情人》吧，西尔维亚一再嘱咐我，想要的话可以再拿几本。于是，我又选了两本书，康斯坦斯·迎纳翻译的《战争与和平》和陀思妥耶夫斯基的《赌徒及其他》。

“如果你打算把它们都读完，我想你一定得在家憋上一阵子。”西尔维亚笑着说。

“我要回来付钱的，”我说，“我家里还有一些钱。”

“我不是那个意思，”她说，“押金什么时候方便，什么时候再付。”

“乔伊斯通常在什么时候到这儿来？”我问道。

“一般他来的时候，都是下午很晚了，”她说，“你认识他？”

“在米肖餐馆，我曾见到过他们一家人用餐，”我说，“可那时候，人家在吃饭，盯着人家看，不太礼貌，再说，米肖餐馆的价格可不便宜。”

“你在家里吃饭吗？”

“基本上是这样，”我说，“我们家有个好厨子。”

“你们家附近没有饭馆吧？”

“是啊。你怎么知道的？”

“拉尔博①以前住在那儿，”她说，“他特别喜欢那个地段，唯一美中不足的就是没有吃饭的地儿。”

“是啊，即使最近的那家小餐馆，也得跑到先贤祠那里去。”

“那边我不熟悉。我们平时都在家就餐。哪天要是有空，你跟你的妻子务必上我家来玩。”

“好的，等我付你押金的时候吧，谢谢你的盛情邀请。”

“读书不要匆匆忙忙。”她说。

我在勒穆瓦纳红衣主教路的家，是一套两间的公寓，没有室内洗漱设施，也没有热水，只有一只消了毒的便桶，习惯了密歇根那种户外卫生间，所以用这个可能会觉得不舒适。周围有优美的景色，往地板上铺一块质量很棒的弹簧褥垫，当作一张床，再

---

① 瓦莱里·拉尔博（1881—1957），法国小说家、诗人、评论家，曾把柯勒律治及乔伊斯等欧洲作家的作品译成法语出版。

舒适不过了。墙壁上挂着我们很喜欢的画，这套房间就是欢乐、愉快的。拿着书回到家，把我今天幸运的收获告诉了妻子。

“可是，塔迪，你必须在今天下午去把押金付了。”她说。

“那自然，”我说，“你跟我一起去吧，我们顺便可以沿着塞纳河和码头散散步。”

“对，沿塞纳河散步这个主意不错，然后我们再去看所有的画廊和商店的橱窗。”

“没错。走到哪儿都行，还可以去一家新开的咖啡馆坐会儿，在那儿谁也不认识我们，我们也不认识别人，就我们两个人，还可以喝一杯。”

“可以喝两杯。”

“完了，我们再找个地方用餐。”

“别，千万别忘了我们还得支付图书馆押金呢！”

“那我们就回家吃饭，我们要吃一顿丰盛的晚餐，喝从合作社买来的博纳酒[①]，站在店外面，也可以看到橱窗上标着的博纳酒的价格。吃完饭我们就看会儿书，然后上床睡觉。”

“我们只爱对方，绝对不会爱上其他人，只爱我们彼此。”

“对，永不变心。”

“多么值得期待的一个午后和傍晚。现在，我们应该吃中饭了吧？”

“我太饿啦！”我说，“那会儿在咖啡馆忙着写作，只喝了一杯牛奶咖啡。”

“塔迪，写得怎么样？”

“自我感觉不错。今天中午，我们吃点什么呢？”

“小胡萝卜，配着美味的小牛肝加土豆泥，来一盘苦瓜沙拉，还有苹果馅饼。”

“可以借书，真是太好啦，这样我们就有读不完的书，外出旅行时，可以随便带。”

---

① 一种普通干红葡萄酒，产于法国中东部的博纳城。

“那样做没占别人的便宜吗？”

“当然没有。”

“那儿也有亨利·詹姆斯的作品吗？”

“当然有。”

“哎呀，太棒了，运气真好，”她说，“你发现的这个地方真不错。”

“我们总是幸运的。”我说，我有点像个傻瓜，并没用手去敲打一下木头。① 家里到处都有可敲的木板。

我们回到房间，屋内漆黑一片，我们在床上缠绵做爱，我还是感到饥肠辘辘。半夜醒来，只见窗子大开着，皎洁的月光洒在高高耸立的屋顶上，饥饿的感觉挥之不去。我不再看月光，而是把脸转向暗处，久久不能入睡，躺在那里想着，到底是怎么回事。妻子也在夜里醒了两次，此刻，月光静静照在她的脸庞上，她沉浸在梦乡。

我告诉自己，必须得把这点想出个究竟，可是我太愚笨了。那天早晨一觉醒来，我发现眼前的春天竟然有些不够真实，远处传来牧羊人吹响的笛声，我出去买了一份赛马报，生活看起来原来这么简单。

然而，巴黎是一座文明古城，但我们还很年轻，这里的一切都不是那么简单，包括贫穷、意外之财、月光、是非对错，还有那月光下躺在你身边的美人，她的呼吸，也没那么简单。

---

① 西方人迷信地认为在夸自己有好运气以后要用手敲敲木头，以免好运气跑掉。

塞纳河上的人

从勒穆瓦纳红衣主教路的尽头到塞纳河有几条路可走。最短的一条是沿街直下，只是路看起来很陡。而且一到平坦地段，再越过圣日耳曼林荫大道路口熙熙攘攘的车流，眼前便是一个毫无生机的地方。那里躺着一道河岸，很荒凉，风是从这边吹来，在右边则是葡萄酒市场。这个市场和巴黎其他任何市场都不一样，这里只是一个等待里面的葡萄酒完税的仓库，外表就像军用仓库或者监狱一样阴森森的。

圣路易岛跨过了塞纳河的支流，上面有很多狭窄的街道和古老的房子，非常美观。去那儿，可以渡河去，也可以向左拐，顺着跟圣路易岛一样长的码头朝前走，走一段时间，就能来到圣母院和城中岛①的对面。

在岸边的书摊上，有时运气好，会发现有刚刚出版的美国书出售，售价很低。银塔饭店楼上有几个空房间，当时是出租的，住在那儿的人在餐厅用餐享受减价优待，有时候，房客们搬家时落下什么书籍，饭店中的伙计就把那些书当废品卖给离码头不远处的一个小书摊，你买这些书，通常花不了几个钱，因为女摊主把英文书籍很不当回事，再说，她本来回收这些书也没有付什么钱，有一点薄利就马上脱手。

“那些书有什么好的?”我们混熟了以后，有一次她问我。

“偶尔有一本好书。”

“一般我们要怎样辨别?”

“我读一遍就知道了。”

① 城中岛即巴黎旧城，在塞纳河中，圣路易岛的西面，巴黎圣母院即位于该岛的西部。

“原来这仍旧是一种碰运气的做法，再说了你知道有多少人读得懂英文书吗？”

“留给我先看一遍。”

“那怎么行！我可不能把它们留着，专门等你来，平时很少见你来这里。万一你要隔好长一段时间才能来呢？我得尽快把书卖出去，没几个人觉得它们能派上什么用。要是它们真的一点用都没有，那我这辈子也别想把它们卖出去了。”

“哈哈，那你倒是告诉我，怎样判断一本法文书是不是有价值呢？”

“先看有没有插图，插图的质量怎么样，再看书的装订。假如那是一本好书，书的主人肯定会在外面包个皮革，再装饰一下。英文书倒都是完全装订好的，不过装订得很差。[①] 所以看不出好坏了。”

离开了银塔饭店跟前的这家书摊，一直到奥古斯丁大码头这段路，再想找个卖美国和英国书的书摊，简直想都别想了。过了奥古斯丁大码头，到伏尔泰码头再远一点的地方，有几个书摊，这些书摊的书籍都是从伏尔泰旅馆的雇员那里买来的，能住得起伏尔泰的基本都是有钱顾客，当然，有些书不是从塞纳河左岸那些旅馆弄来的。一天，我问另一位和我很熟的女摊贩，书籍的主人会不会卖掉自己的书籍。

“不会的，”她说，“这些书全都是被他们扔出来的。所以我们知道不值钱。”

“会不会是朋友们把这些书送给他们的，为了让他们在船上好打发时间。”

“不错，”她说，“他们八成也把很多书都扔在船上了。”

“对，他们就这样把书撂在船上，”我说，“航运公司把它们整理好，保存起来，有的甚至还做了重新装订，最后它们就成了船上的藏书。”

---

① 法文书一般为普通的纸面本，让人用皮革重新装订，比英美的硬面本高档。

“真聪明!”她说，“你还别说，这样的书还装订得挺不赖，那样书就值钱了。”

我常在工作之余和思考问题时到堤岸上散步。一个人慢慢地走着，看着别人做着一些他们熟悉的事，我的思绪就活跃起来，思路也瞬间清晰了许多。在城中岛的西边，新大桥的南面，在矗立着亨利四世雕像的地方，小岛仿佛一个尖尖的船头。那边有个临水的小公园，里面的栗子树亭亭如盖。在塞纳河中，有几段是适宜垂钓的好地方，它们大都是河水形成的急流和回水流经之处。下一段台阶，走到那小公园，一眼看过去，人们成群结队，坐在大桥下，专心地钓着鱼。钓鱼的好地点随水位的高低而变换。人们手中的鱼竿都是一节一节串起来的，很长很长，在最细的那头连着很细的接钩线和羽毛管浮子，旁边隔着轻巧的渔具，他们的技术都已经很老练了，天天在这里钓，但是鱼照样每天上钩。他们总能钓到一些鱼，偶尔成绩还很可观，能钓到很多像鲦鱼那样的鱼，他们把它们叫作鮈鱼。这种鱼适合整条整条地用油煎了吃，特别鲜美。鱼肉很肥，肉略带甜味，味道一点不输于新鲜的沙丁鱼，而且一点都不腻，我们连鱼肉带鱼刺一起吃下去，我一次吃下一大盘都没问题。

想吃鮈鱼，有一个最佳去处，它在下默东的河段上，是一家水上露天餐厅，我们只要有钱出门时就去那里吃饭。那是一家叫“神奇渔场”的餐厅，他们那儿卖一种极好的白葡萄酒，好像是康香葡萄酒①的一种。莫泊桑的一个短篇小说中曾经提到过这个地方，西斯莱②曾经画过从上俯视那条河的景色。想吃鮈鱼，你不用跑那么远，圣路易岛上就有味道鲜美的煎鮈鱼。

我认得几个钓鱼的人，他们的活动区域通常是圣路易岛和绿

---

① 康香葡萄酒由那里特产的康香葡萄酿成，这种葡萄主要产于法国西部卢瓦尔河下游的南特一带。

② 阿尔弗雷德·西斯莱（1839—1899），法国画家，擅长作风景画。他的作品色彩十分柔美和谐，他画的雪景尤其魅力独特。他的经典作品基本都是在1872—1880年间，与莫奈在一起的那段时间完成的。

林好汉广场[①]之间的塞纳河，那里鱼比较多。天气晴朗时我常常买上一升葡萄酒、一个面包、几条香肠，坐在阳光下一边欣赏他们钓鱼，一边阅读我买来的书，感觉好极了。

我记得，在有些游记作家的作品中，塞纳河上垂钓的人们似乎都是疯子，尽管从来没有钓到过一条鱼，但还是那样认真，坚信能有所收获。那些捕鱼人的生活支撑，大都是领一些很少的养老金，当时还没料到通货膨胀会使养老金变得一文不值呢！还有一些人是钓鱼迷，他们只要有一天半天的休假，就去钓鱼。其实，更适宜垂钓的地方是在夏朗通，马恩河在那儿缓缓流入塞纳河，巴黎的东西两边也都适合垂钓，不过在巴黎城内也有不错的钓鱼场所。我没有钓鱼是因为缺乏钓具，况且我更喜欢把钱留到去西班牙钓鱼。再说，那时我的写作什么时候能告一段落，我根本不知道，也不清楚什么时候就得出行，我可不想迷恋这个，而忘记了其他正事。钓鱼这活动有旺季和淡季，我倒是可以密切关注它，觉得很有意思，学会一点还很有好处。原来，本城就有人在钓鱼，他们把垂钓当成了一项健康而认真的活动，并且会收获一些，带回去让家人油炸享用，我就感到十分高兴。

看着那些捕鱼人和塞纳河上的生活场景，还有那些过着自娱自乐生活的漂亮驳船，从桥下通过的拖轮，一根根烟囱都是可以向后折叠的，一长串驳船在后面拖曳着。石砌的河岸上有高大的榆树、法国梧桐，有几处是白杨树，有了这一切，我在河边永远不会感到寂寞。城里有成片树木，你每天都能发现春天临近的迹象，经过一个夜晚，会发现暖风突然在一个清晨把它带来了。但是偶尔还会有一阵寒冷的雨又会让它变回原形，仿佛春天永远不会再来，你的生活也将不会再拥有这么一个季节。在巴黎，这样的时刻会令我觉得悲哀，唯一的悲哀，因为违反了天时。在秋天，伤感是常有的事。每年树叶凋零，光秃秃的枝丫迎着寒风，在冬日的阳光中挺立，你会怀疑，自己的一部分是不是也已死

① 该广场位于城中岛的西端，即上文提到的像尖尖的船头的地方。

去。但你知道春天一定会到来的，正如河水结冰但会融化一样。当冷雨下个没完没了，春天被扼杀的时候，就好比一个充满阳光的年轻人突然之间死去了。

可是，用不了多少日子，春天总会来临，尽管它在来的路上费尽周折。

虚假的春天

春天是最美的时光，即使是像做梦一般的春天，我们都会想尽法子，寻找一些乐子，此外，好像没有别的事情了。唯一可以败坏兴致的，就是人了，尤其是没有几个意气相投的朋友，却约着一起出去走走，那简直糟糕透顶。心情愉快的时候最讨厌别人的打扰，像春天那样美好的人，少之又少。

春天的早晨，我常常很早就开始工作，而妻子还在酣睡。窗子敞开着，昨夜里被雨淋湿的鹅卵石街道，一点点地恢复干燥。对面房子的那些门面很潮湿，而太阳正在一点一点把它们晒干。店铺都没有开门，牧羊人吹起风笛沿街走来。我们楼上住着一个女人，她手中提着一把大壶从屋里出来，下到人行道上。牧羊人挑了一只奶头鼓鼓的黑母羊，把羊奶挤进壶里，这时他的狗就在一边看着其余的羊，以防它们受惊乱跑。羊群像一堆游客，它们伸着脖子，转动着头颈四处张望。牧羊人收了女人的奶钱，向她道谢，便吹着笛子继续向前走去，狗走在羊群前面，算是领队，羊角上下颠动。我回头继续写作，那个女人端着羊奶上了楼，她穿的是做清洁工作时用的毡底鞋，因此她上楼时，我只能听到她爬楼梯时大口喘气的声音，随后，她关上了自己的房门。我们楼里只有她买羊奶。

我想下楼去买一份早晨版的赛马报，这个居民区的人都会买赛马报，所以在这样的日子，你得早点去买。在壕沟外护墙广场拐角的笛卡尔路上，我买到了一份。羊群沿着笛卡尔路走去，我吸了几口新鲜空气，快步回去，急着上楼去把工作干完。我多想留在外面，跟随羊群走过清晨的街道。然而，在我重新开始工作之前，我必须得看一下报纸。上面说，有人要在昂吉安，就是那个漂亮的、小偷超级多的小型赛马场办马术比赛，许多圈外人士都喜欢把那儿当作会面之所。

好吧，今天的工作做完了我们就去看赛马。聘请我做兼职新闻记者的多伦多报社给我寄来了一笔稿费，没准儿发现一匹有缘的马，我们还能在它身上好好押上一把。我的妻子有很长一段时间，在奥特伊跑马场认准了一匹名叫金山羊的马，获胜的机会是一百二十比一，那匹马领先了一箭多地，遗憾的是在最后一次跳栏时它摔倒在地。我们一下子输掉了六个月的生活费，那几乎是我们全部的积蓄。我们尽量不去想它。而这之前，我们一直在赢钱。

“我们真有那么多钱去打赌吗，塔迪?”妻子问我。

“没有，我们能花的，也只有手里这点现钱。这笔钱你想用在什么地方呢?”

“哦。”她说。

“我明白，这段时间我们过得很艰苦，我把钱抠得太紧了。”

“不，”她说，“不过……”

我知道自己苛刻得厉害，也知道日子相当艰难。一个热爱工作，并从工作中获得心灵满足的人，是不会受到贫穷侵扰的。想想那些地位比我们低的人，他们拥有澡盆、淋浴设备和抽水马桶等生活用具，还有你外出旅行时能享用的一切——旅行对于我们来说，倒是经常的。塞纳河边那条街的尽头，有一家开了很久的公共澡堂，也是我们经常去的地方。对这些事我妻子从来没有怨言，那一次“金山羊”摔倒，她都没有多流几滴泪。而她流下的那几滴泪，我知道她是为了这匹马流的，而不是因为输钱。她需要一件灰羊皮外衣，我却说了蠢话，不过，她买回来了，我也很喜欢。我在其他事情上也显得很蠢。一切就像你要为了这些跟贫穷做斗争，除非你永远用不着钱，否则你总是属于失败的一方。尤其是在画和衣服之间，我们选择了前者，但那时我们从不觉得自己贫穷，我们不承认这一点，我们认为我们是高尚的人，而那些我们一向看不起，从来不会去信任的人，却都是有钱人。冷的时候，把圆领长袖运动衫当内衣穿未尝不可，这在我看来太正常了，有什么呢？只有那些富人才会觉得可笑。我们粗茶淡饭，吃得很香；我们暖融融地在一起，睡得很舒适；我们深深地相爱。

“我想我们应该去，”妻子说，“有好长时间都没有去啦。午餐我们可以自带，我做一些可口的三明治，然后再带点酒。”

“我们最好坐火车去，这样比较省钱。但假如你认为我们不去为好，那就算了。今天不管干什么都会很高兴的，这天气真好。”

“我觉得我们应该去。”

“你确定在其他方面不需要用钱了吗？”

“确定。”她高傲地说。她高高的颧骨很可爱，看起来很高傲。“不管怎么说，我们就是这样的人。”

于是，我们马上从北站乘火车出发，经过城里又脏又乱的地区，然后顺着铁路的侧线步行到赛马场——那绿洲般的赛马场。时间还早，就把我的雨衣铺在刚修剪过的绿草地上，一边坐下来吃午餐，对着瓶口喝酒，一边环视着那年代久远的看台，那些卖票的棕色小木屋，绿茵般的跑道，一道道深绿色的跳栏，闪光的褐色人造水沟，白色的砖墙以及白色的柱子、栏杆，藏在茂密的树林下的围场，还有第一批被带往围场的马匹。我们又喝了几口酒，细读着赛马报上的次序。妻子在雨衣上躺下，很快睡着了，阳光照在她的脸上。我走进围场，找到了一位曾经在米兰圣西罗赛马场结识的熟人。他指给我两匹马。

“记着，靠这两匹马赚不了大钱。不过，也别让这赔率吓得你不敢下注了。”

我们把今天预计的一半钱押在第一匹马上，它的赔率为 12 ∶ 1。它跳起来，姿势漂亮极了，从跑道最远的那一端一直跑在最前面，奔到终点时领先了四个马身。赢来的钱，我们留下一半，另一半则用来赌第二匹马。只见它向前狂奔而去，一道道跳栏在它的跳跃中向后退去，它一路领先，每次跳起都会有两鞭子落在身上，在它刚刚跑到终点线的那一刻，后面那匹被很多人看好的马也跑上来了。

我和妻子到看台下面的酒吧点了杯香槟，等待赌价出来。

“哎呀，赛马真是令人纠结，”妻子感叹，“你看见那匹马在后面紧追不舍了吗？”

“我到现在心里还紧张呢！”

“它应该赔多少钱？”

“18：1，牌价上是这样写的。但是后来好像又有人下了不少注。”

马群从面前走过，我们押注的那匹马浑身湿漉漉的，张大鼻孔喘气，骑师轻轻地拍打着马背。

“马真可怜，”妻子说，“我们却只是下赌注。”

我看着马群过去之后，接着续了一杯香槟，很快，赢金的牌价亮出来了10：85。这就是说，你押十法郎，可以拿回八十五法郎。

“肯定是有人在最后关头下了一大笔钱。”① 我对妻子说。

我们赢了一笔钱，为数很可观，我们如今有了春天，也有了钱，毫无疑问，这些正是我们目前最需要的。像今天这样，赢来的钱可以分成四份，两个人各花一份，剩下的一半留作赛马基金。我得把这笔本钱单独收起来，不能和其他的钱搅和在一起。

那年，这次赛马之后，我们出去旅行了一趟，回来后，运气相当不错，又在另一家赛马场中了彩，于是在回家途中我们决定犒劳自己一下。在普律尼埃饭店门前，我们看了看橱窗里的美味佳肴，它们都是明码标价的，最后走进去找了个位置坐下。点了一份牡蛎和墨西哥螃蟹，外加两杯桑塞尔葡萄酒。用完后，在夜色中，我们穿过蒂伊勒里公园②准备步行回家。越过骑兵校场拱门，眺望黑漆漆的花园，一栋栋建筑物黑影后面的协和广场灯光阑珊，远处是两排逐渐升高的灯火，它们笔直地通向凯旋门。回

① 海明威夫妇下注时赔率为18：1，8.5：1的结果说明，在最后关头，又有其他人在这匹马上下了注，从而导致赔率大幅度下降。

② 因蒂伊勒里宫得名，该王宫于1871年被焚，现为巴黎著名花园。

头再看看黑黝黝的罗浮宫，我问："你真觉得这三座拱门连成一线吗？这两座，还有米兰的那个塞米昂纳拱门？"

"我不知道，塔迪。有人这么说，他们应该知道。你还记得当初我们冒着大雪一起去登山吗？目的地是圣伯纳山隘[①]的意大利那面，一下子进入了春天，你跟钦克[②]还有我一整天都在下山到奥俄斯泰城的路上，也是今天这样的春光。"

"钦克自嘲说这是穿着逛街的鞋爬过了圣伯纳山口。还记得你的鞋吗？"

"那双鞋真可怜。你可记得我们在加有冰块的大玻璃罐里兑上一些普里白葡萄酒的新鲜桃子和野草莓吗？当时是在比菲咖啡馆，就在美术馆的旁边，当时我们还吃了什锦水果杯。"

"我就是那时候开始琢磨三座拱门的区别。"

"记得塞米昂纳拱门就像眼前这座。"

"你还记得在艾格尔[③]的那家旅馆吗？我那天去钓鱼，钦克和你坐在花园里看书？"

"记得，塔迪。"

印象中，那条河道很窄，河水是灰色的，可能是因为有大量雪水的缘故吧。对，记起来了，叫罗纳河，河的两岸各有一条溪流，在小溪中可以捕鳟鱼。附近还有一条河，叫施托卡普河。那天施托卡普河里确实很清澈，而罗纳河仍然很浑浊。

"七叶树开花的季节，你还记得吗？那时，吉姆·甘布尔给我讲过一个关于紫藤花的故事，现在我好像怎样想也想不起来，这是怎么回事啊？"

"记得，塔迪，你跟钦克两人不停地谈论着，怎么才能弄清楚一件事的来龙去脉，一边说，还一边写，要想得刚刚到位，而

---

① 圣伯纳山隘位于瑞士西南端，为横贯瑞士和意大利国境线的阿尔卑斯山的一个山隘。从那里可朝南下山到达意大利西北端的城市奥俄斯泰。

② 海明威好友爱尔兰军官埃里克·爱德华·多尔夏·史密斯的外号叫钦克。海明威在米兰医院接受治疗时与他相识，他们是一对终身好友。

③ 位于瑞士西南部日内瓦湖的东南。

且一句废话都没有。我什么都记得，有时他对了，有时是你对。我还记得你们争论的是什么灯光、结构和外形等。”

我们穿过了罗浮宫，出了大门，来到了对面街上，轻轻靠在大桥的石栏上，静静地望着桥下的流水。

“我们三个人无论什么事情都争论一番，哪怕是很小的一些事情，有时还互相拿对方开玩笑。整个旅途中发生的一切，一点一滴，谁说过什么话，都铭记在心。说过的一切。”哈德莉说，“真的，我什么都记得。你跟钦克谈话的时候也有我的份儿，不像在斯泰因小姐家那样只当夫人。”

“希望我还能想起关于紫藤花的那个故事。”

“塔迪，记不起也没关系的，重要的是葡萄树。”

“你可记得那些葡萄酒吗？从艾格尔的那个休假小木屋带回来的。那是旅店卖给我们的。听他们说，这葡萄酒和鳟鱼搭着一起食用，绝对是美餐。我记得清清楚楚，那些酒是用《洛桑日报》包裹起来，带回家的。”

“西昂①城的葡萄酒比这还要好。你还记得甘吉斯韦施太太做的奶汁鱼吗？那是我们回到休假小木屋之后。那鳟鱼好吃极了，在外面门廊上，我们一边喝着西昂葡萄酒，一边品尝着鳟鱼的美味。脚下是倾斜的山坡，那里还能看见日内瓦湖，在湖的那边，是半山腰仍覆盖着积雪的南高峰，罗纳河不紧不慢，钻进了湖口附近的树林。”

“我们在冬春两季总是很想念钦克。”

“是啊，如今春天都快过去了，我仍旧很想念他。”

钦克是个职业军人，从桑赫斯特镇的英国皇家军事学院毕业后就到蒙斯去了。我跟他在意大利认识，后来他就成了我最好的朋友。那个时候，他只要有休息时间，就跑过来找我们玩。

“明年春天，他打算争取休假。他上星期从科隆来了一封信。”

---

① 瑞士西南部罗纳河畔的一座古城。

“知道。到时候我们得享受眼前的生活，一分一秒也不能浪费。”

“瞧瞧下面这河水，正一点点冲击扶墙呢。来，看看上游，能看见什么？”

放眼眺望，一切尽在眼前，我们的塞纳河，我们的城市，我们的这座岛。

“我们太幸运了！”妻子说，“但愿钦克能来，他常常照顾我们。”

“他才不这样想呢。”

“那当然。”

“他肯定最想跟我们一起探险。”

“嗯，会的，你觉得我们应该探什么样的险？”

过了桥，回到我们居住的那一边。

“又饿了吗？”我问，“我们不停地说，不停地走。”

“是啊，塔迪。你不饿吗？”

“走吧，那我们找个好地方，好好地享用一顿晚餐吧。”

“哪里？”

“米肖饭店？”

“好极了，而且很近。”

我们顺着教皇路走到雅各布路的路口，走走停停，看看街边橱窗里的画和家具。米肖餐厅的外面贴出了菜单。饭店里十分拥挤。我们只好等着里面有顾客出来，还得留意着，哪边有马上要空出的桌子。

走了一段路，肚子更饿了，这时候的米肖对我来说，实在令人兴奋和奢侈。那时乔伊斯常和他的家人在那里用餐，他和妻子靠墙坐着，乔伊斯透过厚厚的眼镜片，很仔细地看着举在手中的菜单。而诺拉①胃口很大，只是有些挑食，她紧贴着乔伊斯。小

① 诺拉是乔伊斯的妻子，1904 年，乔伊斯和诺拉·巴纳克尔开始同居，生有一子乔吉奥和一女露西亚。1920 年，定居巴黎，乔伊斯成为职业作家。1931 年，他们正式登记结婚。

伙子乔吉奥瘦瘦的，他的头发从后面看去，贼亮贼亮，一副纨绔子弟的气派。露西亚长着一头乌黑秀发，还是个未成年的小姑娘。他们全都说意大利语。[①]

等待的时候，我在想，为什么在桥上那会儿会想起那些，难道仅仅是因为饥饿吗？我问妻子，她说：“说不清楚，塔迪。饥饿得分很多种类，到了春天就更多。不过春天已经过去了，回忆也是一种饥饿。”

我真傻，便把目光投向窗内。直到瞥见两份菲力牛排放在别人的桌子上，我知道自己就是肚子饿。

“你那会儿说今天我们运气极好，我想是的。我们可是收获颇丰啊！”

妻子笑起来。

“我说的可不是赛马。你的脑子真死板，我指的是其他方面。”

“我觉得钦克不喜欢赛马。”我这一说就觉得自己更蠢了。

“没错。他只有在马背上的时候才关心这个。”

“你不想再去赛马了？”

“当然。现在我们想去的话，随时就能去，不必拘束了。”

“你真想去？”

“那还用说，我知道你也很想去，对不？”

进了米肖餐厅，美美地饱餐一顿。吃多吃好，一点饥饿的感觉都没有了。奇怪的是，坐公共汽车回家时，在桥上的那种跟饥饿有点像的感觉又跑出来了。回到房间，屋内漆黑一片，什么也看不见。我们躺在床上，缠绵，做爱，那种感觉依然存在。半夜醒来，只见窗户敞开着，在高耸的屋顶上，洒满淡淡的月光，饥饿的感觉还在。我翻了一个身，让脸躲开月光，埋在暗处，但是睡不着，就躺着想这件事。那晚，妻子和我都半夜醒了两次，现

① 1905年起，乔伊斯先后在今意大利东北部的里雅斯特港和瑞士的苏黎世教英语课，到了1920年，正式定居巴黎。

在她睡得很香甜，月光照着她的脸。我必须想出个所以然来，但我太笨了。早晨醒来，竟觉得眼下的春天是那么的虚假，赶山羊的人再次吹出阵阵笛声，我下楼去买了份赛马报，生活似乎又回到了简单。

然而，巴黎是一个古老的城市，我们又很年轻，在这里一切都不容易，包括贫穷、意外之财、月光、是非对错，连同你那个在月光下的枕边人的一呼一吸，都不那么简单。

一项嗜好的完结

那一年和以后的几年里，我们都去看赛马，基本都是在我清晨工作以后。哈德莉很喜欢赛马，有时甚至着了迷。但这并不是在仅有的茫茫山林里的攀登，也不能把我们带回那间寄宿过数个夜晚的小木屋，更不是与最好的朋友钦克结伴，一起翻越高山隘口跨入另外的国度。这实际上也不是真正的赛马，而是在马身上打赌，但我们仍叫赛马。

赛马从未给我们带来什么不快，能做到这样的，只有人。赛马像某个人一样，长时间地盘踞在我们心头，俨然一个要求苛刻的朋友。这样看待赛马是够宽容的了。我向来对有些人和他带来的破坏性公正对待，而今竟能容忍这个虚伪透顶、漂亮、邪恶、苛刻的朋友，究其原因，就是因为它能使我发财。可耻的是，真要从中取得好处，即使把所有的时间都投入其中，也未必够用，我可没那么多时间。但我又自我辩解道，我描写了赛马，尽管我写的作品到头来统统丢失，只有那篇关于赛马的短篇小说，由于正在退稿途中而侥幸逃过一劫。

现在，大多数时候，我都是独自去看赛马，沉浸其中，赛马和我的生活，似乎已经难分难解。到了赛马季节，只要有办法，在奥特伊和昂吉安，两个赛马场我都下赌注。要走出生活的困境，通过赛马来实现，几乎是要搭上全部工作时间，而那样是赚不了钱的。从理论上讲就是这么回事。其实这些东西，一张赛马报，它能告诉你全部。

你得上到奥特伊的看台最高处好好看一场障碍赛，还得飞快爬上去，你才能看清那些马跳跃的姿势，看到那匹原本可以胜利结果却是落败的马，并且，它为什么失败，你都会看得一清二楚。总之，你押了一匹马，就不由得关心起赌注与赢款之间的差额和赔率的任何变动，得了解那马现在的状态怎么样，最后还得了解马房的教练员何时让它试赛热身。在它试跑的时候，它也许总是落后，这个时候，它获胜的机会有多大，你大概已经心知肚明了。这样干很累人，但能在奥特伊每天都看赛马，那的确是一大乐事。亲临现场，看着眼前的一匹匹骏马公平地比赛，你很快会熟悉那片场地，就像你以前熟悉其他地方一样。最后，你还能结识很多人，像骑师、驯马员、马的主人，对马匹多了了解，还知道了许多其他有趣的事。

一般情况下，我的原则是认准一匹马，然后再下注，但是有时候我发现，有的马完全没人理会，它们不被看好，除了它们的骑师和驯马员。于是，我就在它们身上下注，果然接连获胜。最后，我洗手不干了，因为太费时间，我越陷越深，在昂吉安发生的那些事和在无障碍赛马场上上演的一切，知道得也太多了。

我放弃赛马时心里虽然高兴，但多少还是会有一些空虚之感。这使我明白，一项爱好，无论好坏，做着做着突然停止，多少都会有些落寞之感。如果停止的是坏事，那没关系，自然会有其他的事来填补这种空虚之感。而如果是放弃了一件值得做的事情，那么你所能做的，就是找一个更好的来填补。当我把用来下注的本钱放入仅有的积蓄中去，心头如释重负，感到很愉快。

决定放弃赌赛马的那天，我来到塞纳河的对岸，在路拐角上的一家抵押信托公司碰到了我的朋友迈克·沃德，他当时正好在旅游服务台那儿。我把赌赛马的本钱存了进去，没有人知道，存折上又没有写明，不过自己明白就是了。

“想去吃午饭吧?”我问迈克。

“当然，小伙子。你是说我跟你一起吃午餐?你难道不去看赛马吗?”

“不去。”

在卢瓦广场，有一家非常出色的小餐馆，我们去那里吃午餐，喝着极醇厚的白葡萄酒。广场对面是国家图书馆。

“你好像很少去赛马场，迈克。”我问。

“是啊。很久没去过。”

“你为什么不去?”

“说不好,”迈克说,“不,原因很清楚,因为我觉得,如果某种刺激必须下了注才能得到,那都是不值得一看的。”

“你一次也不去?”

“偶尔会看一场大赛。宝马良驹出场的那种比赛。”

这家小酒馆自制的面包非常棒,在上面涂上猪肉酱,喝着白葡萄酒,绝妙至极。

“以前你关心赛马的消息吗,迈克?”

“嗯,对。”

“有没有比这更带劲的活动?”

“自行车赛。”

“真的?”

“不用你下赌注。看就行了。”

“赛马很费时间。”

“浪费得太多啦,几乎能占去你所有的时间。我不喜欢那批人。”

“以前我兴趣大得很。”

“那是。你现在不去可以吗?”

“当然。”

“放弃它是件好事。”迈克说。

“我早已不去了。”

“不容易啊,小伙子,听着,找个时间我们一起去欣赏自行车比赛。”

这是一件初次接触的新鲜事,对我来说还很陌生。不过,我们并没有说去就去,那是以后的事。不过,它后来成为我们生活中的重要项目,先前在巴黎的生活被取代了。

不过,有很长一段时间,我们特别喜欢回到巴黎的那个圈子,躲开赛马场,所有的希望都寄托在美好的生活和创作上,寄托在那些被我们熟知的画家身上,不去靠赌博为生,还拿别的名头做掩护。我开始尝试写一些跟自行车赛相关的短篇小说，遗憾的是，从没写过一篇能和那些精彩的比赛相媲美的赛车小说，不管是室内或室外赛车场。但是我很想写一写冬季赛车场，午后阳光照耀，但烟雾仍然弥漫着，木制跑道高高地倾斜着，车手骑着车驶过硬木跑道，发出一阵阵隆隆声。当然，还有车手们爬高或冲刺时的拼搏劲儿和他们的智慧。每个人都像和他的车融为一体，我要彰显那种距离赛的魅力所在，写出摩托车的轰鸣声，后面带着领骑员①所乘坐的拖斗，他们头戴厚厚的防护罩，穿着笨重的皮夹克，身体后仰，为后面的车手挡住迎面袭来的气流。车手们的防撞头盔看起来比较轻巧，躬身俯在车把上，两腿快速地蹬着链轮，一个又一个小前轮几乎快要碰到前面领骑员乘坐的拖斗。更重要的是那激动人心的较量，车手与车手之间，竞争激烈。摩托车轰轰震响，车手们肘挨着肘，轮子互碰，时而上升，时而俯冲，快速地转着圈，终于有人掉队，迎面而来的气流也毫不客气地跟他们较劲儿。

赛车的种类多极了。连续的短程赛预赛或者两人对抗赛都是其中一种。有一对车手保持平衡好几秒钟都不动，故意让对方占点便宜，然后慢慢绕圈跟上，然后以最大速度冲刺。其他项目包括两小时的团体计时赛，其中有的赛事可以打发一下午时光，这种赛事纯粹是全速短程预赛。还有那种专门比速度的项目，就是一个人孤零零地骑着绕圈圈，看你一小时能跑多远。有的人玩的则是一百公里长程赛，在布法罗体育场举行，五百米朝里倾斜的木制大圆形赛车道，骑起来很危险但很壮观。也有很多人专门在蒙特鲁奇露天体育场上，等着观看大摩托车比赛。比利时冠军利纳尔特特别了不起，他的侧脸看上去很像苏族印第安人，大家索性给他起了个外号“苏族人”。每次在最后关头，他都狠狠地加速冲刺，口渴了，他只需低头便能用橡皮管喝到装在赛车服内衬里的樱桃白兰地。还有在奥特伊附近王子公园举行的法国锦标

① 在自行车比赛中，骑摩托车在前面带路的人。

赛，六百六十米长的水泥跑道，大型摩托车在前面开路。那是最害人的一条赛车道，我现在还记得著名赛车手加耐从车上栽下来时，我们都听到了他的脑壳在防护头盔下被砸碎的声音，就像你野炊时用石头砸烂熟鸡蛋那样。那历时六天的车赛和山地越野赛，我必须得写下来，那是一个奇异的世界，那是一些触目惊心的场面。直到现在，唯一正确描写自行车赛的语言还是法语，所有的专业术语都是法语，所以写起来比较吃力。迈克说得对，赛车不必下赌注，不过，这些都是另一段时间发生在巴黎的故事了。

饥饿是有益的磨炼

身在巴黎，假如你吃得不是很饱，一定会感到更饿，因为总有好东西勾起你的胃口。所有的面包房都在橱窗位置摆着精美的食物，大家还在人行道上的桌子边进食，看到这些，再闻着香气，已经足够诱惑。那时的我已经辞掉了新闻工作①，还没创作出一篇能让美国人花钱买的东西来，跟家里说午饭要和朋友在外面吃，那么最适合的地方就是去卢森堡公园，因为那里从天文台广场到沃日拉尔路都见不到、闻不到食品。顶多也只能逛逛卢森堡博物馆，肚子里一点油水都没有，我饿得头脑发昏，还自我安慰道：这个时候看那些名画，原来更加鲜明，更加清晰，更加美丽。我渐渐领会到一点，弄清了塞尚的那些风景画是怎么创作出来的，原来是在饥肠辘辘的时候。我时常猜想，会不会塞尚当时画画也是饿着肚子的，但我又想，人家可能只是忘记用餐罢了。人在失眠或者饥饿的时候常常产生这一类想法，虽然不切实际，但很发人深省。后来我寻思，塞尚有无数种不同的饥饿感觉吧。

走出卢森堡公园，沿着狭窄的费鲁路向前走，到达圣絮尔皮斯教堂广场。这里还是没有饭馆，只有安静的广场，那些长椅和树木显得同样冷清。广场上有一处狮像喷泉，鸽子在人行道上踱步，有的在那些主教塑像上栖息。那里有座教堂，广场北边有几家商店，专门出售宗教用品和祭祀法衣之类的东西。

从这个广场向河边走，中间会经过很多卖水果、蔬菜、葡萄

---

① 1921 年 9 月，海明威与哈德莉结婚后，于同年 12 月 8 日乘船来到巴黎。在小说家舍伍德·安德森的介绍下，第二年 3 月，海明威带着妻子前往斯泰因的个人工作室拜访，从此他们成为朋友。那个时候，海明威还是加拿大《多伦多星报》驻欧洲记者，后来，斯泰因建议海明威辞去工作专门从事创作，因为新闻工作太耗费精力。海明威采纳了斯泰因的建议，从此成为职业作家。

酒的店铺，还有一些面包房和糕饼点心店。不过，你要是想换条路走，大可以从右边绕过教堂到达奥德翁剧院路，教堂由灰色和白色石头构筑。然后，再向右拐，这样就能走到西尔维亚·比奇的书店，这条路上不会有那么多小摊小店。奥德翁剧院路上没有饭馆，一直要走到广场上才有三家。

走到奥德翁剧院路 12 号①，肚子已经饿过头了，其他所有的感觉都更加明显了。墙上的照片仿佛变了样子，而且你还能看到一些从未见过的书籍。

“你太瘦了，海明威，”西尔维亚会这样说，“你能吃饱吗?”

“当然啦!”

“中午吃的什么?”

我肚子饿得要命，却说：“我正打算回家吃饭呢。”

“3 点钟吃午饭?”

“没想到这么晚了。”

“那天晚上阿德里安娜②说要请你和哈德莉一起晚餐。我们还想把法尔格③请来。你对法尔格印象不错，是吧? 要不就请拉尔博，你喜欢他的，这我知道。或者别的人也行，只要跟你比较投缘。你跟哈德莉说一声吧。”

“我想她一定很愿意来。”

“我再给她发一封快信。你现在吃得不好，要注意身体，别太辛苦。”

“好吧。”

“快回家吃饭去吧，不然太晚了。”

“他们会把我的那份留着的。”

---

① 就是西尔维亚·比奇小姐开设的莎士比亚图书公司所在地。除了斯泰因小姐的工作室和埃兹拉·庞德的工作室以外，这里是20年代侨居巴黎的英美作家、艺术家的第三个聚会中心。

② 阿德里安娜·莫尼耶，是西尔维亚的同行，在附近有自己的书店，一向支持文艺事业，也是西尔维亚的同性恋伙伴。

③ 法尔格（1876—1957），法国象征主义诗人，当时已发表诗集多部，1930 年后转向，主要撰写有关巴黎生活的随笔。

“尽量少吃冷东西，还是吃顿热乎乎的午饭吧。”

“有我的信吗?”

“大概没有，我给你看看。”

她找了一找，发现了一张便条，高兴地抬起头来。然后，她打开了书桌下面的小柜子。

“这是我不在的时候送来的。”她说。是一封信，摸上去好像里面装了些纸币。“韦德尔科普。”西尔维亚说。

“那一定是《综观》[①] 杂志寄来的。你见到韦德尔科普了吗?”

“没见过。不过他跟乔治到这里来过。他会找你的，放心。可能他想先把钱付给你。”

“六百法郎。信上说还要再给的。”

“多亏你提醒我看有没有信件了，你真是个好心的先生。”

“真是好笑，我居然是把稿子在德国卖掉的，卖给他和《法兰克福日报》。”

“是吗? 不过你千万别着急。福特没准儿早就想买你的书稿呢。”她跟我开玩笑说道。

“一个版的稿子才三十法郎。一个季度在《大西洋彼岸评论》上刊登一个短篇，每次一个五页长的短篇，稿费是一百五十法郎。一年六百法郎。”

“你该清楚，海明威，你现在不要担心这些短篇到底能换多少稿费。关键在于你能够写作，这就行了。”

“我知道，我能写小说，但没有人买。自从我辞掉报纸杂志的一些兼职，现在一分钱收入也没有了。”

“它们一定会有主的，放心吧。再说，现在不是收到一篇的稿费了吗?”

“对不起，西尔维亚。原谅我提这些事。”

“原谅你什么? 这很正常，你总得说点什么的。你难道忘记

① 《综观》应是法兰克福的一份文艺月刊，由阿尔弗雷德·弗莱希特海姆创办。

了所有的作家说的不都是他们的伤心事吗？可是你得答应我，别让自己为这事心烦，而且要把饭吃饱。”

“我保证。”

“那你赶紧回家去吃中午饭吧。”

一出来，走在外面奥德翁剧院路上，我回想起自己刚才说的那一大堆抱怨话，后悔不已，甚至有点讨厌自己。明明是我自己愿意这样做的，可又做得那么笨拙。我原本该买个大面包，吃了就好，不吃饭总不行的。想着想着，我似乎已经闻到了那美味的棕色面包皮散发的香气。不过，得喝点饮料，不然嘴也太干了。你真不是个好东西，就知道抱怨，太虚伪了，我对自己说。你自己愿意放弃记者职业。有朋友信任你，西尔维亚还愿意借钱给你。她已经借给你很多钱了。当然，这样，你可能不得不在其他方面做出妥协。

饥饿是件好事，饥饿时你看画就看得更清晰、更认真一些。吃饭也是一件大好事，可你知道现在得去哪里吃呢？

嗯，对，我干脆去利普饭店吃吧。

我快步走向利普饭店。一路经过了许多可以吃喝的地方，目光所及之处，我的胃跟我的眼睛一样注意力很快集中过去，这样越走就越高兴。这是一家啤酒餐厅，顾客比较少，我在靠墙的位置找了条长椅坐下来，背后有面镜子，面前是饭桌，服务员过来问我点什么，我要了一杯上好的啤酒，那玻璃酒杯若是装满，足足有一公升，还要了土豆沙拉。啤酒冰凉而清爽，非常好喝。油煎土豆吃起来有点硬，好像在卤汁里泡过。橄榄油香得很。撒了点黑胡椒面在土豆上，把面包放在橄榄油里蘸一蘸，先喝了一大口啤酒，然后慢慢地吃喝。吃完之后，又要了一份，外加一根烟熏香肠。烟熏香肠又粗又大，和法兰克福红肠比较像，从中间劈开，撒上特制的芥末酱，简直是人间美味。

就着面包，不一会儿就把橄榄油和芥末酱消灭精光，慢慢喝啤酒，啤酒的凉气一点点地褪去，我端起来一饮而尽，然后又要了一杯，看酒倒在杯里，果然比上一杯喝起来更凉快，我喝下半杯。

我想，我并没有发愁。我知道我的短篇小说写得不错，用不了多久，总会有人愿意出版的。我不再干新闻工作，我相信这些短篇小说也会让很多人看到的。现在，我面对的总是退稿，寄出一篇，退回一篇。对我鼓励最大的是爱德华·奥布莱恩①，他把我的那篇《我的老头儿》编入了新的《最佳短篇小说选》，还把那一年的集子题词献给我。想到这里，我很开心，我又喝了些啤酒。那个短篇被其他杂志社退稿过很多次，他却坚持要把它收入选集。我又笑了起来，服务员诧异地看了我一眼。不过好笑的是，虽然这一切都非常顺利，但他居然把我的名字给写错了。有一次，哈德莉把我写的作品都放在衣箱里，结果在火车站被人偷去，最后我只剩两篇，这是其中一篇。她本来想着，把手稿带到洛桑，我见了一定会惊喜，让我在山区度假时修改，她当时把原稿、打字稿和复印本全部装在一个马尼拉纸夹中。我能留下这篇小说全拜林肯·斯蒂芬斯②所赐，当时我把它寄给一个编辑，后来又退了回来，在其他所有稿件被偷走的时候，它正在邮路上呢。我保存的另一个短篇叫《在密执安北部》，完成它的时候，斯泰因小姐还没来过我们公寓呢。斯泰因小姐看过后，说不登大雅之堂，我一直没让人复写，便丢在某个抽屉里。

后来，我们离开了洛桑，到了意大利，我把那篇关于赛马的短篇让奥布莱恩瞧。奥布莱恩是个温和、腼腆的人，一双淡蓝色的眼睛炯炯有神，整齐平直的头发是他自己理的，那时候，他寄宿在拉帕罗不远处的一座修道院里。那段时间十分背运，自觉写作的事情难以再继续下去。所以，那篇小说就被当作一件好玩的东西拿给他看，这好比，你刚说自己那只在轮船上使用的罗盘不知怎的丢失了，现在却又拿给人看。当然，更像你伸着一只被皮

---

① 爱德华·奥布莱恩（1890—1947），美国作家、编辑。从1914年至1940年，他每年都会选编一本《最佳短篇小说选》，影响甚大。

② 林肯·斯蒂芬斯（1866—1936），美国杂志编辑、记者，专写揭露政府及工商界腐败的文章，是新闻界揭发丑闻运动的主要领导人之一。

靴紧裹的大脚，却开玩笑说，刚经历了飞机事故，脚已经被截去了。他读完这个短篇，我看得出来，他比我更难过。除了死亡或什么痛苦至极的事，我从没见过什么事使得一个人这么难受。我唯一的一次，是哈德莉告诉我所有的稿件都被盗走的时候，她哭了又哭，可就是说不出话来。我安慰她，不管遇到多大的麻烦，也不会有什么事情能坏到那种程度，不用害怕，我们会想出办法来的。于是，她告诉了我整件事的来龙去脉，我无法相信她把复写件和原稿是放在一起打算带来的，我雇了一个人帮我去搞定采访工作，那时写新闻采访稿收入很不错，自己乘火车去了巴黎。她说的话是真的，我至今还记得，推开门一看，什么都没有了，那晚我不知都做了些什么事。

这些事情早已成为过去。我劝奥布莱恩不要太难过。原先写的那些稿件丢失了，对我也许还有好处，我跟他说了一大套军队里用来鼓舞士气的那些话。我说，我要重新开始创作小说。虽然我这样说，更多是为了安慰他不要那么难过，但心底有个声音告诉我，你一定会这样做的。

在利普饭店，我开始回想那些作品丢失以后，什么时候又开始写第一个短篇的。当时应该是在科蒂纳·丹佩佐①，我被派往莱茵区和鲁尔区做采访，不得不中断了春季的滑雪活动，回来和哈德莉相聚时写的那个短篇叫《禁捕季节》，情节非常简单，在结尾，我隐去了老头儿上吊自杀的事实。这样删，是因为我的新理论。如果你确定删除某些部分，能强化小说的感染力，使人感到意味无穷，那么你可以省略任何东西。

是啊，如今我用了这样的写法，可是人们都看不懂，这是无法怀疑的。我可以断定，没人需要这些部分，人们慢慢就能理解，如同他们看得时间久了，也能理解绘画一样。需要的只是时间和信心。

有时候你不得不减少饮食，那么就一定得把持住自己，如此

---

① 在意大利北部，奥地利国境线上的阿尔卑斯支脉南麓，是著名的滑雪胜地。

一来，你的注意力就不会放在肚子饿上了。饥饿是有益的磨炼，从中你能学到很多东西。如果别人没有领略过这点道理，你就比他们高明。是啊，我暗想，现在我大概已远远超过他们了，所以弄得有一顿没一顿。当然，他们要是追上来几步，也没关系，不是坏事。

我常在想，我必须得写出长篇小说，但这件事似乎难以办到。原因是我之前尝试过，在写一些可能成为某个长篇的精华部分的片段时，困难相当大。现在，我得多写一些稍微长点的短篇，就像一个人为了参加长跑，不得不进行锻炼一样。此前，我也写过一个长篇小说，结果装在旅行包里在里昂车站被偷走了。那时我还保有童年的抒情能力，它真像青春一样，很容易就消失不见，不够可靠。我知道丢了也许是件好事，它会逼着我再写出一部长篇小说来，只是我要尽量沉淀，等到不得不动手的时候再提笔。如果我写一部长篇小说仅仅是为了有饭吃，那就算了，我简直不是人。只有积累到一定程度，必须得写，再提笔，那才是情理之中的事。让这种压力慢慢增加，我得先根据我最熟悉的题材写一篇中篇小说。

结了账，我走出饭店，右拐跨过朗内路，这样我就没有机会跑到双猴咖啡馆喝咖啡，沿波拿巴路，走最近的道回家。

我最熟悉的题材有哪些还没有写过？或者已经不记得了？我真正了解且最关注的东西是什么？这里根本没有选择的余地。我能做的，就是选择一条捷径把自己赶紧带回写作的地方去。沿着波拿巴路，我走到局伊内梅，来到阿萨斯路，最后再沿着乡村圣母院路来到了丁香园咖啡馆。

我坐在角落里，午后的阳光越过肩头射进来，我打开笔记本写起来。服务员端上来一杯牛奶咖啡。凉了以后我喝了半杯，放回桌上，继续工作。写完之后，我的心还在那条河①上，在那儿，

① 密歇根北部的大双心河。海明威当时正在写的是后来著名的短篇小说《大双心河》（第一、二部）。

我可以看见鱿鱼在水潭里游来游去，表面的流水冲打着原木桩组成的桥墩，好像在怪它们阻碍了自己的去路，波浪轻轻地翻滚着。这是一个战后还乡的故事，但小说里没有提到战争。

到了第二天早晨，这条河就会出现在小说里，我将继续写它和那片土地，还有那一切可能发生的事。日子还长，每天写一点不是问题，没有什么事比这更重要了。口袋里还有一些钱，从德国寄来的，所以问题不大。这些钱花完了，还会有其他收入。

而今，我最该做的，便是保持身体健康，力求头脑清醒，这是一切的保障。在每个如常到来的清晨，我又要提笔工作了。

福特·马多克斯·福特和魔鬼的门徒

我们住在乡村圣母院路113号锯木厂那个楼上套间时，附近有一家叫丁香园的咖啡馆，非常棒，也是巴黎最好的咖啡馆之一。冬天，咖啡馆里非常温暖，而到了春天和秋天，在内伊元帅雕像的那边，人行道的树荫下摆放着一张张桌子。在广场上，沿着林荫大道，一个个大遮阳篷下放满了固定的方桌，这个时候，在外面坐会儿，会非常惬意。那里有两个服务员跟我们是好朋友。圆顶和弯庐这两家也是咖啡馆，不过，那里的常客从来不光临丁香园。他们在这里没有熟人，来了也不会引人注目。在蒙帕纳斯林荫大道和拉斯帕伊林荫大道交会处的拐角上，也有很多咖啡馆，有段时间，不少人特别喜欢去那里抛头露面。可以这样讲，他们去那里无非是希望专栏作家们每天写写他们的动态，他们希冀享有盛名，盛名得不到，这样也算是一种满足吧。

丁香园咖啡馆曾经是许多诗人定期聚会的场所。去过那里的最后一位诗人是保罗·福尔①，我从没读过他的作品。布莱斯·桑德拉尔②是我在那里见过的唯一一位诗人，他脸上带着伤痕，像极了拳击手，一只空荡荡的袖管卷起来用别针别着，用一只好手卷烟卷。他没喝醉的时候是个不错的伙伴，他要是编起故事来，可比许多人讲真实的故事更有意思。那时去丁香园的诗人只有他，不过，我与他在那里相遇，是仅有的一次。丁香园的顾客大部分都是上了年纪、留着胡须、衣着考究的人，要么带了妻子，要么带的是情妇。有些还在上衣翻领上戴着荣誉军团的细条红绶带，也有人没戴。在我们眼中，他们是科学家或学者，他们

① 保罗·福尔（1872—1960），法国象征主义诗人，创作了大量歌谣。

② 布莱斯·桑德拉尔（1887—1961），瑞士法语诗人，在创作诗歌和随笔方面有大胆创新。

围在一起，品尝着一杯杯开胃酒，几乎跟那些穿着寒碜、襟前佩着学院棕榈叶荣誉勋章的紫色绶带的人坐的时间差不多，不过后者带着妻子或情妇是来喝牛奶咖啡的。然而，紫色绶带与法兰西学院完全不相干，它只能告诉我们，他们不是教授就是讲师。

正是有了这些人，丁香园才变成了一家令人舒服的咖啡馆，他们互相关心，比如你喝的是什么酒什么咖啡，或者调制的什么饮料，还有那些夹在木条报夹中的报刊，没有人故意显示自己。

还有另一群人，他们也常常上丁香园咖啡馆来，他们是住在本地区的人。在他们中间，有的人喜欢在上衣翻领上戴着十字军功章的绶带，有的人则喜欢佩着军功奖章的黄绿两色的绶带。我仔细打量他们，发现要克服因失去了胳臂或大腿而引起的困难，将需要多少技巧和勇气。他们的人造眼球的质量好坏，能看得出来，他们伤残的脸面被补救到什么程度，也是一目了然。不管你的脸如何修复，总会留下一道道如彩虹一般的光泽，又似乎是一条滑雪斜道的反光，被压得很结实的那种滑雪道。与那些学者和教授相比，对这些顾客，我们更为尊敬，尽管教授和学者很可能也在军队里服过役，只不过没有经历过截肢罢了。

在那段日子，我们一概不表示信任没有参加过大战的人，任何一个人，同样，我们也绝不会完全信任某个人。桑德拉尔令人们非常反感，失去了一只臂膀，就要大肆炫耀吗？完全没有必要。他是午后就到丁香园的，这个时候熟客们基本都还没来，我觉得这样好一些。

那天傍晚，我独自坐在丁香园室外的一张桌子边，树木和建筑上的光线渐渐变暗，高大的马匹在外面那两条林荫大道上缓缓地走过。在我背后的那扇咖啡馆的门打开了，一个人出了门，向我的桌子走来。

“啊，你在这儿!”他说。

是福特·马多克斯·福特，这是他当时用的名字。[①] 透过浓

---

① 福特原来的姓是休弗，1923 年改为福特。

密的染色八字胡，他大口喘气，穿着讲究，活脱脱一个能倒着走路的、外形完美的大酒桶。

“能跟你一起坐吗？”他一边问，一边坐了下来，在毫无血色的眼皮和淡淡的眉毛下面，他的眼睛是淡蓝色的，望着林荫大道那边。

“我这辈子花了无数时间跟人们讲，屠宰那些畜生得用仁慈的方式。”他说。

“你跟我说过。”我说。

“好像没有。”

“肯定没错。”

“真奇怪，我这辈子从没对任何人讲过。”

“喝一杯，怎么样？”

侍者站在一旁，福特朝他点了一杯尚贝里味美思黑茶焦子酒。那个服务员又高又瘦，有些谢顶，只有不多几缕头发光溜溜地贴在上面。在他的嘴角边，蓄了两撇老式龙骑兵小胡须，很浓密，他重复了一遍福特要的酒。

“不是，我要一杯兑水的优质白兰地。”福特说。

“先生，您要的是一杯兑水的优质白兰地。”侍者重复道。

我尽量不去正眼看福特，如果是在一间关上门的小屋里，他要是挨得我很近，我必须屏住呼吸。可现在是室外，一阵风吹来，桌边的落叶从我这边沿着人行道跑向他那一边，我就仔细打量了他一阵，看完瞬间又后悔了，赶紧把目光投向林荫大道对面。光线再次变了，可我没有看见。喝了一口酒，我就是想看看，这酒是不是因为他的到来而坏味了，但酒依然很香。

“你很阴郁。”他问。

“没。”

“就是，你就是这样。你需要多出去玩玩。今天过来看看你，想邀请你参加我们的小型晚会，就是在那个有趣的大众舞厅①举

① 大众舞厅，是用手风琴伴奏的一种舞厅。

行的。那个舞厅就在壕沟外护墙广场附近，勒穆瓦纳红衣主教路上。”

“我曾经在那儿的三楼住过两年，在你还没来巴黎的时候。”

“奇怪，你没弄错吧？”

“当然，”我说，“那个舞厅老板有辆出租车，有时我要赶飞机，他都用那车子把我送到机场。临出发前，在厅内的白铁皮吧台边上停一会儿，在黑暗中喝上一杯白葡萄酒再走。”

“坐飞机？我可从来都不喜欢。”福特说，“你和你妻子好好准备一下，星期六晚上大众舞厅见吧。晚会很热闹。为了你能顺利找到，我给你画张地图吧，我还是碰巧才找到的。”

“勒穆瓦纳红衣主教路 74 号的楼下，就是那儿。”我说，“当时我就住在三楼。”

“那儿没有门牌号码。”福特说，“不过，只要你能找到壕沟外护墙广场，肯定找得到舞厅。”

我又喝了一大口酒。服务员把福特点的酒端上来了，福特强调道：“我要的不是白兰地加苏打水，”他口气严厉地提醒侍者，“我点的是尚贝里味美思黑茶焦子酒。”

“让，没关系，”我插嘴道，“这杯白兰地给我吧。这位先生要什么，你拿给他就是了。”

“我刚才要的。”福特辩驳道。

正在这时，有个披着斗篷的男人，带着一脸倦容从人行道上走过去，走在他旁边的是一个身材高挑的女人，朝我们桌子看了一眼，又把视线移开，继续沿着林荫大道向前赶路。

“你看见我故意不睬他吗？”福特说，“我根本就不愿搭理他，你注意到没？”

“没有。你没搭理谁啊？”

“贝洛克①，”福特说，“我真的给了他一个冷脸！”

---

① 贝洛克（1870—1953），英国诗人、史学家，美国现代散文大师之一。代表作品有《韵文和十四行诗》《英国史》四卷、《诺纳号的巡航》。他是玛丽·贝洛·朗兹的弟弟。

“没看到，”我说，“为什么要给他冷脸呢？”

“理由多得是，”福特说，“瞧我把他弄得多尴尬！”

他兴高采烈至极。我以前没有见过贝洛克，最主要的是他刚才并没有看我们。他像是个独自沉思的人，然后漫不经心地朝桌子瞥了一眼。我看了很不是滋味，福特故意对他无礼，而我呢，像一个正在接受教育的小字辈，面对这样的写作前辈，心里还怀着很高的敬意。这种事情要是发生在现在，简直不可理喻，但那时却十分普遍。

我在想，要是那会儿贝洛克在我们的桌前停留，肯定很有意思，因为这样，我便可以和他认识了。看见福特使我一下午都不高兴。不过，假如贝洛克真的驻足，也许事情要比现在好很多。

“你为什么喝白兰地？”福特问我，“一开始就喝白兰地，对年轻作家来说简直是要命的，这点你难道不知道吗？”

“我不常喝。”我说。这时，我不禁回想起埃兹拉·庞德对我说的那些关于福特的话：无论如何，不能对他粗鲁，而应当记住他只是在心里疲倦的时候才不说真话，然而他的确算个好作家，并且家庭里的很多事都不顺心。我用尽全力回忆着这些，可是我讨厌福特本人呼哧呼哧大口喘气的架势，而且离我咫尺之遥，粗声粗气，令人讨厌。不过我还是尽量将就吧。

“告诉我，一个人为何要给别人冷脸？”我问他。即使说这话的时候，我仍然觉得这样的事可能只会出现在奥伊达[①]的小说里，虽然我还没有阅读过奥伊达的小说。在瑞士滑雪的时候，每天刮着湿漉漉的南风，能看的书全部都看完，仅剩一些战前的陶赫尼茨版[②]的书籍，但是凭我的第六感认定，她的小说里的人物都是

---

① 奥伊达是英国女作家玛丽·路易丝·德拉拉梅（1839—1908）的笔名，她著有大量传奇小说，故事背景多以欧洲大陆为主。晚年长期侨居佛罗伦萨，以意大利农民为主人公，创作了许多小说。

② 德国人卡尔·陶赫尼茨（1761—1836），于1796年在莱比锡建印刷厂，印刷出版古典文学作品，后由其子继承，刊行英文版的英美作家丛书，以小开本的纸面本形式大量发行，买有版权，注明只能在欧洲大陆发行，对普及英语作品起了很大作用。

互不理睬的。

“一个人要是涵养很深，”福特解释说，“平时会不会愿意搭理一个无赖？”

我咕咚喝了一口白兰地。

“他会搭理一个野蛮的人吗？”我反问。

“一个谦谦君子是不可能认识无赖的。”

“那么你只会把你的冷脸给予和你社会地位差不多的熟人，是吗？”我继续追问着。

“当然。”

“那一个人不可能认识无赖吧？”

“可能是认识的时候不了解，说不定后来这家伙变成了无赖。”

“怎样的人算无赖？”我问道，“是不是那些被人们揍得很惨的人？”

“不一定。”福特说。

“埃兹拉·庞德是个有教养的人吗？”我问道。

“肯定不算，”福特说，“谁让他是美国人。”

“难道美国人就不可能有教养？”

“约翰·奎因也许还行，”福特解释道，“你们的一个大使。”

“那迈伦·提·赫里克①怎么样？”

“或许是。”

“亨利·詹姆斯，你认为他有教养吗？”

“还行吧。”

“你自己呢？”

“那是当然的。我可是持有英王陛下委任②状的人。”

“还挺复杂的，”我说，“那你看我有没有教养？”

---

① 迈伦·提·赫里克（1851—1929），美国律师、外交家，1912年，被任命为驻法大使。

② 在第一次世界大战中，英国政府委任一些人作为威尔士团队的军官，在法国当兵。

“绝对不是。”福特说。

“那你为什么还和我一起喝酒？”

“我之所以跟你喝酒，无非觉得你是一个有潜力的青年作家。实际上，你对于我来说，只是一个同行。”

“多谢好意。”我说。

“可能有些意大利人会觉得你有教养。”福特胸怀宽广地说。

“那我不是粗人了？”

“亲爱的老弟，你一点也不无赖。谁说你是了？”

“我有可能变成那种人，”我恹恹地说，“那个把白兰地跟什么酒都混着喝的特罗洛普①，在他的小说里，哈里·霍普斯帕勋爵也是这么毁的。那你说，特罗洛普算有教养吗？”

“一点也不算。”

“你确定？”

“也许会有两种答案，可我决不含糊。”

“菲尔丁②呢？别忘了他是法官。”

“从职业上讲，或许算一个。”

“马洛③呢？”

“当然不是。”

“约翰·邓恩④？”

“他是个牧师。”

“真有意思。”我说。

“你能感兴趣，我很开心，”福特说，“我和你喝一杯兑水的白兰地吧！”

---

① 特罗洛普（1815—1882），英国小说家，作品数量颇丰，主要作品为系列小说《巴塞特郡纪事》六卷，都以假想的巴塞特郡为背景。

② 菲尔丁（1707—1754），英国剧作家、小说家，代表作为长篇小说《弃儿汤姆·琼斯》。

③ 马洛（1564—1593），英国伊丽莎白王朝的诗人，剧作家，与莎士比亚同时代，代表作有《浮士德博士的悲剧》《马耳他的犹太人》等。

④ 邓恩（1572—1631），英国杰出的玄学派诗人，他创作的诗歌主要为宗教诗和爱情诗。1621年任圣保罗大教堂的主教。

福特终于走了，夜幕降临，我步行着去书报亭买了份《巴黎体育概览》，午后出版的赛马报，这是最后一版，登有奥特伊赛马场的比赛结果，还有对第二天在昂吉安比赛的预告。服务员埃米尔已经换了让的班，他也凑到桌前，想看看奥特伊赛马到底结果如何。我有位好朋友，他不常到丁香园来，这时走到我桌前坐下。正当这位朋友向埃米尔点饮料的时候，我发现之前见过的那个神色倦怠的斗篷男和高个儿女子从我们旁边的人行道上走过。他朝我们的桌子看了一眼，很快又回过头去了。

"这就是希拉里·贝洛克，"我跟朋友讲，"今天下午福特在这儿的时候，给他来了一个'假装没看见'。"

"别自作聪明了，"朋友答道，"那人叫阿莱斯特·克劳利①，是个恶魔。大家都说他是世上最邪恶的人。"

"哇，抱歉。"我应道。

① 克劳利，当时著名的巫师，能施魔法，据说是古代异教徒的继承者。

出了一位新学者

我所需要的一切，无非是几本蓝皮簿、两支铅笔和一把卷笔刀（那种随身带的小折刀有点浪费）、大理石桌面的桌子、早晨的空气，扫地，擦地板，还有幸运。为了交个好运气，我的右边口袋里装着一枚七叶树的坚果和一条兔子的小腿。[①] 兔子腿上的毛已经被磨掉了，骨头和腱也都锃亮了。在我口袋的衬里上，那些爪子张牙舞爪地挠着，你就知道你的好运还在。

有段日子，下手特别顺利，在我的笔下，那片乡野无与伦比，能走进去钻过林地，出来是一片空旷的土地，人们可以爬上高地，去眺望那湖湾后边的群山。忽然，铅笔的铅芯又断了，卡在卷笔刀的圆锥形口中，我耐心地用削铅笔的小刀一点一点地把它清除出来，或者，我干脆用小刀那锋利的刀刃轻轻地把铅笔削尖，然后再度准备开始。我背包上的皮带已经沾满汗水的盐渍，我把手臂穿进它，让背包斜挎在一边，然后再把另一只臂膀伸进去，把它重新背到背上。一步一步，脚下踩着松树的针叶，走向湖边。

你听见有人说话："嘿，海姆[②]，你想干吗？去咖啡馆里写作？"

你的好运已完，只好合上笔记簿。这是最容易发生的倒霉事。要能压得住脾气还好一些。可是，我最终还是没能按捺住自己的性子，便说："你这家伙到这里来捣什么鬼？不在玩腻的窝里好好待着。"

"请不要因为自己想做个行动乖僻的人，就这样侮辱别人。"

---

① 在西方，有人认为这两样东西是辟邪之物。

② 海明威姓氏的简称。

“闭上你的臭嘴，快滚出去。”

“这里是公共咖啡馆。我跟你有同样的权利在这里。”

“你为什么不去那家小茅屋咖啡馆？你真该去那儿。”

“嘿嘿嘿，别这么说话好不好。”

这时你可以扭头就走，假装这只是一次意外的相遇，而这个不速之客只是偶然跑进来待会儿，不会再遇上这种事了。虽然也有其他的咖啡馆很不错，能在那里写作，但是离这儿实在太远了，我的根据地就是这家咖啡馆。从丁香园给赶出去可不是什么光彩的事，我要不抵抗就得走。或许走掉比较理智，但我心头一阵火起。我说：“听着，臭小子，你这种家伙能去的地方太多了，为什么要跑到这儿来，把一家体面的咖啡馆给糟蹋了呢？”

“我只是进来喝杯酒，这有什么错？”

“要是在老家，人家会给你一杯酒喝的，但是会把玻璃杯砸碎。”

“家在哪儿？听起来是个好地方。”

坐在他邻桌的，是一个又胖又高的眼镜青年。他要了杯啤酒。我想我可以不理他，看看能否写出东西，所以，我就没再理睬他，写了两个句子。

“我不过是跟你说个话而已。”

我继续埋头写着，又写了一个句子。很快就得心应手，整个身心都沉浸其中，让我舍不得停笔。“我看你是了不起了，谁都没法跟你讲话了啊！”我继续写着句子，终于完成了一段，检查了一遍，觉得还是不错的。然后，我就为下一段起了一句头。

“你从来不为别人考虑，也想不到别人也可能碰到麻烦。”

我这辈子一直在听人抱怨。我发现自己能继续写作，这个噪声比其他噪声坏不了多少，至少要比埃兹拉·庞德学吹巴松管悦耳得多。

“假如你想当作家，全身都充满了创作的欲望，可就是写不出来，怎么办？”

我继续写，我相信，这个时候，不但考验我的实力，也考验着我的好运气。

“如果你思如泉涌，灵感大发，简直是一股不可阻挡的激流，可是写着写着，突然断了，你瞬间成了哑巴，一个句子也写不出来，如何是好？”

那也比絮絮叨叨强，我暗自鼓励自己，一定继续写下去。他大声喊了起来，就像锯木厂的大锯正在锯一块厚木板时，遇到其他的干扰一般，嘴里胡说八道，反而有些消气了。

“我们去了希腊。”不一会儿，我听见他这么说。有那么一阵子，除了噪声，他究竟在说什么，我一概没有听清。现在我已经稍稍超额，看来可以停下笔来，明天接着再写了。

“你说自己去过那里，还会讲希腊语？”

“不要那么庸俗，”他说，“难道你不想听我讲讲其他的事情？”

“不想。”我说。我把笔记簿合上，装进兜里。

“你就不想知道最后又发生了什么？”

“不想知道。”

“你不关心生活和同胞的痛苦？”

“又不是你的。”

“你太可恶了。”

“没错。”

“我原来以为你能给我一点帮助，海姆。”

“我真想一枪打死你。”

“你敢这样做吗？”

“不。因为我得不到法律的允许。”

“但是我很乐意为你做任何事情。”

“你真乐意？”

“那是当然的。”

“那你就滚出这家咖啡馆吧，这是第一步。”

我站了起来，服务员看见，便跑过来，我结了账。

“我可以跟你一起走到锯木厂吗，海姆？”

“没必要。”

“好吧，下次再见。”

“最好不要在这儿。”

“你说的没错，”他说，“我答应你。”

“你现在写什么呢？”我一时不慎，竟问了他一句。

“我用尽我的全力在写，和你一样，可实在太难了。”

“写不了就不要硬写，何必叫苦？回家去挺好的，找一份不错的工作，干脆把自己吊死拉倒。以后千万别再谈什么写作了，你根本不适合。”

“你为什么要这样说话？”

“你难道忘了自己讲的是什么吗？”

“我们这会儿聊的是写作。”

“那就赶紧闭嘴。”

“你真是残忍，”他说，“过去谁都说你冷酷无情，还说你高傲，我原来常常为你辩护，以后我可不干了。”

“不错。”

“你为什么要这样残忍？”

“我不清楚。”我说，“听着，如果你不适合创作，为什么不试着写点评论呢？”

“你觉得我适合写评论？”

“那也不错啊！”我对他说，“至少这样，你就有东西可写了，再也不用担心写不出来了，或者担心自己变成哑巴，说不出一句靠谱的话。那样的文章，人们都会读，而且会尊重它。”

“你看我能当好批评家吗？”

“能有多优秀我不知道，不过你当得了。肯定会有人帮助你的，再说，你同样可以帮助那些同伙。”

“你说的那些同伙是谁？”

“就是经常跟你混在一起的那些家伙。”

“他们啊，可是人家都有自己的评论家。”

“不一定要评论书籍，你可以评论油画、剧本、芭蕾、电影……”我说。

“你这么一说，听着倒是特别有吸引力，海姆。非常感谢。真叫人兴奋，这简直是个创举。”

“创造性？那你可能过高地估计了。毕竟我们的上帝只花了六天创造世界，第七天便休息了。”

“当然，什么也不能阻止我去创作。”

“绝对阻挡不住。除非你写起评论来，给自己定个高不可攀的标准。”

“标准会很高很高。这点你完全可以相信。”

“我相信。”

他俨然已经是位评论家了。我问他是不是愿意一起喝一杯，他开心地接受了。

“海姆，”他说，“我有些话必须和你说，我觉得你的作品有一点过于直率。”我确信他从此刻开始已经是个评论家了，因为在我们的对话中，他懂得把你的名字放在每句话的开头，而不是每句话的末尾。

“真糟糕。”我说。

“海姆，确实太赤裸裸，太简略了。”

“倒霉。”

“海姆，太露了，一点血肉都没有。”

我心虚地抚摸着口袋里的兔子小腿，“看来，今后我得努力写得丰满一点了。”

“但你得注意点，我可不想你弄得太过臃肿。”

“哈尔，”我故意模仿着一个评论家的腔调说，“这些我会尽力避免的。”

“我们的看法完全一致，真是令人高兴的事。”他富有男子气概地说。

“在我工作的时候，你不能上这儿来，这点没问题吧？”

“当然，海姆，没问题啦！从现在起，我将会找到属于自己的咖啡馆啦！”

“你真是太好了。”

“我尽量做到。”他说。

假如后来，这个年轻人能真的变成一个优秀评论家，这段逸事就会很有意思，也会给人以启发。遗憾的是，最后的结果没有朝这个方面走，虽然我当时有段时间，对这件事抱着很高的期望。

我觉得他第二天不会再来，但我不想冒险，因此决定不去丁香园，给丁香园休假一天。第二天清晨，我起床很早，在开水中把橡皮奶头和奶瓶煮了一下，然后配好奶粉的用量，再装好奶瓶，亲自送给邦比先生①，然后就在餐室的桌上写作。只有邦比先生，那只小猫咪和我醒着，别人都在熟睡。他们两个在边上，都很安静，的确是我忠实的伙伴，所以我写起来，比以往任何时候都显得顺手。在这段日子，我根本不需要其他任何东西，甚至连兔子腿都不需要，当然，我伸手在口袋里摸摸它，心里就踏实了。

---

① 指海明威与第一任妻子哈德莉所生的儿子约翰，爱称杰克。海明威给他起的乳名叫“邦比”。

和帕散在圆顶咖啡馆

那是一个美妙的傍晚，我埋头工作了一整天，停笔休息。我离开锯木厂楼上的套间，穿过木料堆，合上大门，过了街，走进面包店后门。面包在烘炉中冒出诱人的香味，我从香雾中穿过店堂，来到了大街上。面包店已经开灯，外面暮霭沉沉，我沿着大街缓缓向前，走到图卢兹黑人餐馆外面的平台时，我停了下来。我看见里面餐巾架上搁着红白相间的方格餐巾，那种用圆木环套住的，我们以前常用。我还看见用紫色油墨印出的菜单，当天店里推出的特色菜品叫什锦砂锅①。这个菜名勾起了我的饥饿。

餐馆老板拉维格尼先生问我最近写作是否顺利，我回答说干得很顺手。他说大清早，就看见我在丁香园的平台上专心写作，他看我太投入了，所以没有过来打招呼。

“你那时像个独自隐居林中的人。”他说。

“哈哈，我写作的时候简直是一头看不见路的猪。”

“那可不就是在丛林中吗，先生？”

“我在灌木丛里。”我说。

我沿街向前走着，偶尔看看橱窗，看着春天的黄昏和身边走过的陌生人，心情十分愉快。在常去的三家咖啡馆里，有很多我认识的人，还有几个是点头之交。但是那里总有很多人我不认得，他们相貌风度格外出色，华灯初上之际，他们趁着暮色匆匆聚在一起，找个地方一块儿喝酒，一块儿吃饭，然后去做爱。在这几家最主要的咖啡馆里，人们一般都干些同样的事，就那样坐着，喝点酒，聊天，表现给旁边的人看。我平时喜欢的那些人今天没有遇到，他们爱去大的咖啡馆，为的是消失在人群中，没人

① 一般用白扁豆和鲜肉煨制，图卢兹地区则用糖、鸭代替，加上多种蔬菜。

注意他们，他们可以安静地待在那里，聚在一起。那个时候，这些大咖啡馆的消费还很低，它们供应着上好的啤酒，开胃酒卖得也不贵，而且标明在端来的碟子上。

那天傍晚，我想的是一些没有创新之意的念头，好在都很有益身心健康。有时候，我感到自己的行为似乎已经问心无愧，因为那天写作很顺利，虽然有点小艰苦，我本来是想去看看赛马的。可那时候，我几乎身无分文，连赛马场都进不了，即使从那里还是可以赚些钱的，当然，你要愿意用心干的话。那时，还没有执行唾液检验和其他检测人为激励马匹的方法，因此兴奋剂的使用非常普遍。但是要天天盯着服用过兴奋剂的马到底有什么好与不好，观察马在围场里的那些异常现象，再凭你“超感觉”般的方式行事，再把仅有的一点本钱孤注一掷。这对一个要供养妻子和孩子的年轻人来说，是行不通的，更何况，我还要在散文练习上进行全天的投入。

无论用什么标准来衡量，我们都很穷，为此，我不得不采取一种另类的节省开支的好办法，给家人说外面有人请我吃午饭，其实，我不过是在卢森堡公园里散了两个钟头的步，回家之后，还夸张地跟妻子描述，我这顿午饭吃得多么丰盛。二十五岁的你，生得特别高大粗壮，少吃一顿饭就会饿得厉害。但是这样有个好处，就是能让你所有的感官变得敏锐起来，这样，我才发现自己笔下的人物中有很多人，都是对食物怀着极大的爱好和欲望，他们具有极为强劲的胃口，而且大多数都还喜欢喝酒。

在图卢兹黑人餐馆，我们喝的是上好的卡奥尔干红葡萄酒，有时喝掉长颈大肚瓶的四分之一，有时候是一半，有时候是整瓶，一般情况下，会兑上三分之一左右的苏打水，稀释一下再喝。在锯木厂楼上的家里，我们存有一瓶科西嘉葡萄酒，牌子挺不赖，而价格超级便宜。是真正的科西嘉葡萄酒，即使掺上一半水也还能品出味道来。在巴黎那会儿，你几乎不用花什么钱，照样能生活得很好，如果时常饿上几顿，不买任何新衣服，你还能攒钱买奢侈品呢！

此刻，我正从雅仕咖啡馆往回走，半路上我碰到了哈罗德·斯特恩斯①，我赶快绕了过去，因为我敢肯定他一定会跟我谈起赛马，而我正以轻松、鄙夷的态度想起的那些马匹，正是我前不久下定决心要和赛马一刀两断的赛马。这天傍晚，我抱着一种洁身自好的心情避开了那群聚集在弯庐咖啡馆的家伙，心中取笑他们共同的恶习和本能，然后，直直地跨过林荫大道，来到圆顶咖啡馆。那里也很挤，其中很多人，都是辛苦了一天，才来玩的。

那里有才下班的模特儿，有工作到夜幕降临的画家，还有每天都在埋头创作的作家，有酒鬼，还有一些名人。他们中，有的与我相识，有的纯属冒牌货。

走了过去，我在帕散②和两个姐妹模特儿边上的桌子旁坐了下来。那会儿站在戴拉姆勃雷路的人行道上，考虑是否待会儿喝一杯时，恰好看见帕散向我招手。帕散是个非常杰出的画家，他喝得已经有些醉了，但他醉而不乱，醉得有意思，神志还很清醒。那两个姐妹模特儿，年轻而又漂亮。一个生得皮肤黝黑，身材娇小而苗条，摆出一副弱不禁风却又放浪不羁的神态。另一个长得像个小姑娘，表情有些呆滞，那种少女的娇艳是转瞬即逝的。她的身材没有她姐姐那样好，但是那年春天，我的确没见过什么人长得比她更好看。

“这两姐妹一好一坏，”帕散说，“我兜里钱足够。你想喝点什么?”

“半升黄啤。”我用法语对服务员说。

“还是来一杯威士忌吧。我这儿有钱。”

---

① 斯特恩斯（1891—1943），美国作家，当时也侨居巴黎。1921年发表《美国和青年知识分子》，第二年发表他编的专题论文集《美国文明：三十个美国人的调查报告》，阐明大战后那一代青年人的信条，对当代美国文明中居统治地位的人们表示蔑视和憎恶。

② 帕散（1885—1930），美国画家，生于保加利亚。1905年迁居巴黎，以“风流社会”为题材创作讽刺画。第一次世界大战期间，帕散加入美国籍。1920年，他返回巴黎，开始创作一系列大型圣经和神话题材作品，后来渐渐转向描述妇女。在其最重要的个人展前夕，帕散突然上吊自杀。

“我爱喝啤酒。”

“你真要那么爱喝啤酒，我劝你最好去利普咖啡馆。我看你好像刚干完工作”

“嗯。”

“顺手吗？”

“但愿是这样吧。”

“不错，我很开心。吃东西还香吗？”

“香。”

“你多大了？”

“二十五。”

“你有没有上她的冲动？”他朝那黑皮肤的姐姐看了看，微微一笑，“她现在最需要呢！”

“我看你今天已经跟她干得差不多了吧？”

她对我露齿一笑。

“她不要脸，不过对人很好。”

“你把她带到画室去，都没问题的。”

“别讨厌。”金发妹妹说。

“有人跟你说话吗？”帕散问她。

“没人，我自己想说而已。”

“我们随便一些吧，”帕散说，“一个年轻的严肃作家，还有一个热情聪明的老画家，再遇到两个年轻美丽的姑娘。生活中的一切都展现在他们面前。”

我们一起坐在那儿，姑娘们喝着饮料，帕散又向服务员要了一杯兑水白兰地，我喝的是啤酒。但是我想，除了帕散，没有人觉得轻松舒心吧。那黑皮肤姑娘根本就静不下来，她坐的姿势很浮夸，好像是故意转过脸去，好让别人看到她的侧面，好让光线能够照到她的脸颊上，好像还在向我显露她的乳房，裹在那黑色羊毛衫下的乳房。她的短发修剪得很整齐，油黑发亮，像东方女郎。

“你这姿势摆一天了，”帕散对她说，“难道这会儿在咖啡馆里，你还得穿着那件羊毛衫继续当模特儿?”

“我愿意。”她说。

“你真是太像一个爪哇玩偶了。”他说。

“眼睛不像，”她说，“我的眼睛复杂多了。”

“怎么看你都像个可怜的变态小玩偶。”

“或许吧，”她说，“可我是活的，这就比你强。”

“我们走着瞧吧。”

“好，”她说，“我喜欢用事实说话。”

“你今天没看见?”

“哦，你说那个呀!”说话间，她的脸又转过去，让太阳的余晖再次涂在她脸上，“能让他激动的只是作画，他爱的是油画布，”她对我讲道，“那些东西总是有些肮脏。”

“你想让我画你，给你工资，还要跟你上床来保持我的头脑清醒，恐怕还要爱上你，”帕散说，“你这个可怜的小洋娃娃。”

“你喜欢我，是吧，先生?”她问我。

“特别喜欢。”

“可是你个儿太大。”她失落地说。

“上了床谁都一样。”

“没那事，”她的妹妹说，“这种话我可听多了。”

“我说，”帕散说，“如果你觉得我爱上了油画布，那明天，我会用水彩来画你。”

“什么时候我们去吃晚饭?”金发妹妹在一旁问，“去哪儿吃?”

“你跟我们一起吃，可以吗?”那黑皮肤姑娘在邀请我。

“不行，我得陪我的 légitime 吃晚饭。”这是那时候的时髦字眼。现在都说“我的 régulière①”了。

“非去不可吗?”

---

① légitime，法语，意为合法的妻子。régulière，法语，意为固定的女人，可指妻子或情妇。

“必须得走，我确实想走。”

“那走吧，”帕散说，“不过，你可千万别爱上打字纸。”

“真要爱上了，那我用铅笔写。”

“明天画水彩，”他说，“那就这样吧。孩子们，让我再喝一杯，然后去吃饭，你们想去哪儿，我就去哪儿。”

“威金饭店。”黑皮肤姑娘说道。

“我跟你一起去。”她的妹妹说道。

“行吧，”帕散同意了，“年轻人，晚安。睡个好觉。”

“彼此彼此。”

“有她们在，我怎么能睡得着呢？”他说，“我从来不睡。”

“今晚你睡吧。”

“去完了威金饭店再睡？”帽子戴在他的后脑勺上，他咧着嘴嘿嘿地笑。他看来特别像过去的世纪里，90 年代百老汇舞台上的某个人物，一点也不像一位讨人喜欢的画家，也许这就是他的本色。在他自缢身死以后，我常常回忆起，那天晚上他在圆顶咖啡馆的一幕幕。人们常说人人心中都有成事的根苗，但是我始终以为，只有懂得在生活中开玩笑的人，他心底的种子上覆盖的才会是优质土壤和高级肥料。

埃兹拉·庞德和他的“文人会”

埃兹拉·庞德[①]永远是个值得交的朋友，他总是帮助别人。他和他的妻子多萝西住在工作室里，地址在乡村圣母院路，他们工作室的简陋简直可以和葛特鲁德·斯泰因工作室的奢华达到同样的程度。他们的房间光线很好，生炉子取暖，到处摆放着埃兹拉相熟的一些日本艺术家的画作。那些艺术家都是日本的贵族，蓄着长长的头发，发质乌黑亮丽，每当鞠躬时，头发都会从脑后甩到前面，我对此有特别深刻的印象。不过，我并不喜欢他们的画，因为我看不懂。好像它们也并没有特别神秘的地方，等我看懂了，又觉得毫无意思，对此，我感到十分遗憾，但又无可奈何。

我非常喜欢多萝西的画，多萝西在我眼中很美，身材十分好。我同样喜欢戈迪埃·布尔泽斯卡[②]为埃兹拉雕塑的那座头像，那些相片是埃兹拉拿给我看的，所有的作品我都十分喜欢，这些照片几乎全部附在埃兹拉写的关于他的那部书里。埃兹拉比较欣赏的还有皮卡比阿[③]的那幅画，但我那时候认为他的画毫无价值。

---

① 埃兹拉·庞德（1885—1972），美国现代派诗歌大师。他十六岁就读于宾州大学时开始写诗，曾任教于瓦巴什学院。1908年，他前往欧洲，在伦敦，与休姆等诗人发起意象派诗歌运动。1920年，他带着妻子多萝西来到巴黎，积极参与T. S. 艾略特的长诗《荒原》的修改与出版，并鼓励当时在巴黎的一批青年作家，如海明威、菲茨杰拉德、乔伊斯等人的文学创作。1924年去意大利拉巴洛定居。

② 戈迪埃·布尔泽斯卡（1891—1915），法国最早的抽象派雕塑家。“旋涡主义”运动的著名倡导者。1913年前往伦敦，诗人庞德是他的赞助人和宣传者，1915年，戈迪埃在第一次世界大战中阵亡。

③ 皮卡比阿（1879—1953），法国油画家、插画家、设计师、作家和编辑。1911年参加立体派黄金小组。1913年，皮卡比阿在纽约军械库做了一次展览，主要是他和艾尔弗雷德·施蒂格列茨的分离派摄影作品。

我并不喜欢温登姆·刘易斯①的那幅画，但埃兹拉却很喜欢。他喜欢他的朋友的作品，忠于友情固然是美德，但如果站在评论的角度讲，这是极具破坏性的。我们从不为这些事争执，因为如果我不喜欢什么，那么我会对它闭口不谈。如果一个人喜欢自己朋友的作品，这好比他热爱自己家庭中的成员，去评头论足是不礼貌的。有时候，你得强忍很长一段日子才能批评你自己的家人或者妻子的娘家人，尽管你可以做到不顾家人感受，不去在意他们会说些什么，并且能够做到不写回信，但是他们仍然会在诸多方面受到伤害。而对于拙劣的画家要好办得多。因为一些可怕的事情他们做不出来，也不会像家人那样能够造成私人情感上的伤害。对于拙劣的画家你只要不去看他们的作品就可以了。埃兹拉待人比我还和善，也比我更具有基督徒信念。他那些成功的作品是那么完美无缺。而他即使在犯错误的时候也是那么真诚，对自己的谬论失误是那么执着，对别人又是那么亲切——这一切都使他在我心目中成了一个圣者。他性情暴躁，不过许多圣者都会这样吧。

埃兹拉让我教他拳击。有一天下午在他的工作室，正值我们练习拳击时，我第一次碰见温登姆·刘易斯。那时的埃兹拉练习拳击没多长时间，还让他当着熟人的面练习，我觉得很难为情，于是尽量让着他，让他打的拳击看起来更漂亮些。但这样做并不好，因为他学会了如何推挡，尽管我尽力教他左手出手击拳，自始至终把左脚跨向前方，然后把右脚挪上与之平行。这只是些基本的步法，但我最终仍然没能教会他打左勾拳，而教会他怎样做才能缩短右拳出手的幅度也是后来的事。

温登姆·刘易斯头戴一顶宽边的黑色帽子，像这一带的大人

---

① 刘易斯（1882—1957），英国画家、作家，旋涡画派创作人。他在20世纪30年代获得了很大成就，创作了《巴塞罗那的投降》和《诗人艾略特》等有名画作。同时，还创作了《爱情的复仇》等经典长篇小说。

物一样，而身上的装扮则像从《波希米亚人》[1] 中走出来的。他长着一张青蛙脸，不是那种大牛蛙而是一种普通青蛙，巴黎对他而言，这个水塘有些太大了。那个时候，我们觉得每个作家或者画家都可以穿像他那样的服装，艺术家没有统一的制服。不过刘易斯却穿着大战前的那个时期的艺术家的那种制服。他的样子使人感到很不是滋味，可他却傲慢地观看着我闪开埃兹拉那最开始用左手的连环出击，以及我用并没握紧的、戴着拳击手套的右手去拦截它们。

我想停下来不练了，但刘易斯要我们比下去。我看得出他不知道我们是在练拳，但是他在等待，等待埃兹拉被我所伤。可是什么事也没有发生，我始终没有反击，只是让埃兹拉一直跟随我走动着，我伸出左手，他就用右拳打出几拳。最后我说练完了，拿一灌水冲洗身体，用毛巾擦干，穿上圆领衫。

我们随便喝了一点饮料，我听见埃兹拉和刘易斯谈论起在伦敦和巴黎的一些人。我小心谨慎地注视着刘易斯，而没有做出专门看他的样子，就像我在练习拳击时那样，我觉得再没有见过比他更难看的人了。有些人的狠毒能从脸上看出来，就像骏马很容易看出品种来一样，他们像杨梅大疮一样讨厌。刘易斯尽管不面露凶相，但是长得难看。

在步行回家的路上，我努力在想他能让我想起什么——想到了各种各样的东西。都是医学上的病症，只有“脚丫泥”是个俚语。我尝试着把他的脸分成一个个部分来描述，但只记得他的眼睛了。我第一次看见那对眼睛时，上面被那顶黑帽压着，很像强奸未遂者的眼睛。

“我今天遇见了一个我前所未见的、最讨厌的人。”我对妻子讲述道。

“塔迪，别告诉我他长得什么样，”她说，“千万别讲。我们

---

① 是意大利作曲家普契尼的三幕歌剧。写的是巴黎拉丁区穷艺术家的生活，又被译作《艺术家的生涯》。

马上要开始晚饭了。”

约莫一个礼拜过后，我碰到了斯泰因小姐，并告诉她，我结识了温登姆·刘易斯，问她是否见过他。

“我把他叫作尺蠖[1]，”她说，“他从伦敦到这里来，只要见到一张好画，便从口袋里掏出铅笔，然后把拇指按在铅笔上去测量那幅画。他一边度量一边细看，想知道那画是如何准确无误地完成的。然后他会回到伦敦把它临摹出来，结果画得四不像。他最终还是没能看出那幅画究竟是怎么回事。”

这样一来，我也把他看成尺蠖。这个称谓比我自己给他想的任何一个都要更加友善并且更符合基督教精神。在斯泰因向我解释他是怎样的人物之后，我尽量使自己对他产生好感，多和他接近，就像我待埃兹拉的其他所有的朋友那样。至于以上所描述的，是我在埃兹拉的工作室中第一次见到他时，他留给我的印象。

埃兹拉是我所认识的作家中，最慷慨、最无私的。他帮助他信赖的诗人、画家、雕刻家、散文作家，他愿意帮助他所能帮助的所有人。不管是否信赖他们，只要他们处境艰难。他为所有人操心，在我刚认识他的时候，他最操心的是托马斯·艾略特。听埃兹拉说，艾略特迫于生计要在伦敦的一家银行里工作，因此没有足够的时间写诗，要写也只能在公余时间。

埃兹拉与纳塔利·巴尼小姐共同创办了一个“文人会”组织。巴尼小姐是一位很富有的美国女人，一向赞助艺术事业，她曾经一度是我前辈雷米·德·古尔蒙[2]的朋友。她在家里定期举办沙龙，花园里还建有一座希腊小神庙，很多非常富有的美国和法国女人都举办沙龙。而我早就觉得，那些地方虽然高雅，我还是避开为妙。我以为，除了巴尼小姐，没有其他人的花园里会有

---

① 尺蠖英文名是“measuring worm”，意思是“正在测置的软体蠕虫”，此处斯泰因的比喻非常生动。

② 雷米·德·古尔蒙（1858—1915），法国作家，他的评论文章对法国象征派美学理论传播起了举足轻重的作用，对庞德和艾略特的影响也非常大。

一座希腊小神庙。

埃兹拉曾经把“文人会”组织的宣传小册子拿给我看，恰好巴尼小姐答应埃兹拉把那座希腊小神庙印刷在小册子上。“文人会”的计划是让我们把挣来的钱，不论多少，都要捐出一部分给艾略特先生，使他脱离银行，腾出时间写诗。我觉得这是个不错的主意，并且埃兹拉相信，待我们把艾略特先生从银行里解放出来以后，他就能够一鼓作气地把所有人都安顿妥当。

我给他招来了一点小麻烦，因为一直把艾略特称作梅杰·艾略特，装作把他跟梅杰·道格拉斯搅混在一起，其实后者是一位经济学家，埃兹拉对他的观点抱有极大的热情。但是埃兹拉知道我的心是好的，而且成天想着文人会的事情。在我向朋友们请求援助基金并且说明是为了梅杰·艾略特能够从银行工作中解脱时，有人会说一位少校[①]到底能在银行里做些什么，如果军方把他裁掉，难道他不领取养老金，至少也该有退伍费啊！这样一来总会让埃兹拉感到烦恼。

遇到这样的情况，我肯定会专门向朋友解释，说这些是毫不相干的事。你要么就入“文人会”，要么就拉倒，要入就捐钱，帮助少校从银行解脱。不入，那就太遗憾了。难道他们不知道那座希腊小神庙所包含的意义吗？一点也不清楚？也许真是这样吧。老弟，实在糟糕，太糟啦，收起你的钱吧，我们一碰也不碰。

作为“文人会”这个组织的成员，我不知疲倦地为筹款而奔忙，我最渴望实现的梦想便是看到那位少校迈出银行，成为一个自由者。到现在，“文人会”这个组织最后是怎样垮掉的，我似乎记不太清楚，但是我觉得这多少跟《荒原》的出版有些关系，因为这部长诗，少校获得了《日晷》杂志的诗歌奖。[②] 没过多久，

---

① 梅杰（Major）一词意为少校。

② 1921年冬天，艾略特与埃兹拉·庞德相遇于巴黎，长诗《荒原》经庞德删减后，分别在艾略特自己编辑的伦敦《标准》杂志1922年10月号和《日晷》1922年12月号上发表。不久。由于这篇长诗对美国文学所做出的贡献，一举获得当年《日晷》的颁奖。

艾略特得到了一位贵族夫人的资助，办了一份名为《标准》的评论杂志，所以我和埃兹拉就用不着再为他操心了。这座无与伦比的希腊神庙，它一定依然深藏在花园里，我是这样想的。但是我们没能让这位少校从银行里解脱出来，单凭“文人会”的基金还不够，这一直使我感到失望，因为在我的梦想中，在我的心底，他或许早住进了那座希腊小神庙，或许我跟埃兹拉只是一起去那里串门，顺便给他戴上桂冠。我知道哪儿有上好的月桂树，我完全可以骑着自行车去采集月桂树叶。我依然思索着，无论何时他感到寂寞，无论何时埃兹拉看到另一首像《荒原》那样杰出的长诗，不管是原稿或校样，我们手中的桂冠都可以给他戴上。站在道义的角度讲，像许多别的事一样，搞“文人会”给我带来的后果却很不妙，因为我专门留下，计划把少校从银行里解救出来的那笔钱，最终被我拿去昂吉安赛马场，押在那些被兴奋剂搅昏了头脑的马身上，它们奔命在跳栏赛场上。连续两次赛马会，因为我下赌注的那些马服用过兴奋剂，它们远胜过那些没有服用兴奋剂或者用量失算的牲口。只有一次比赛输了，我们的想象力也被刺激得过了头，那匹马竟然在起跑前把骑师甩下鞍来，自个儿绕着障碍跑道抢先跑了足足一整圈，它自己潇洒地越过障碍，那种感觉俨然你偶尔在梦里跳跃的那样。骑师重新骑上马背，它被骑师紧紧地控制着，它又加入比赛，就像法国赛马术语中所表达的那样，但却把钱输掉了。

假如那笔赌注捐给了“文人会”，我心里会好受一些，遗憾的是这个组织已经不存在了。我只能不停地安慰自己，这笔赌金赚不了多少钱，给“文人会”的捐献，将远远超过我原来打算捐献的数字。

奇怪的了结

我与葛特鲁德·斯泰因的友谊结束了，但结束的方式却很奇怪。我们原本是极其亲密的朋友，我帮她干了很多有意义的事，比如与福特商量妥当，先把她那本大部头作品以连载方式发表，再用打字机帮她把原稿打印出来，为她审读校样，等等。我想这些会进一步促进我和她之间的友谊。和显贵的女人做朋友，在彼此交情变得更为亲密或者疏远以前，对于一个男人来说，除了这种友情令人赏心悦目外，不会有其他多么光明的前途。更别说和这些真正雄心勃勃的女作家交往，到头来总没有好结果。

有段时间我以不知道斯泰因小姐是否在家为借口，没去花园路27号了。她却说："但是海明威，你在这里可以随意出入的呀！难道你是真不明白我说的都是掏心窝的话？你随时可以进来，女佣（我当时忽略了这个人）会照料你，你一定要随便一些，等我回来。"

我没有乱用这个方便，只是会偶尔顺道过去拜访。女仆总是给我倒酒，然后我会观赏这里的油画。如果还没等到斯泰因小姐回来，我便会向女佣道谢，留下一张便条就走。

有一天下午，斯泰因小姐要我去给她送别，因为她将和她的一个伴侣乘她自己的汽车到南方去。当时，哈德莉和我正待在旅馆里。她邀请我们去做客，不巧的是，哈德莉和我另有计划，我们要到别的地方去。这话自然不好说，最初你希望能去，继而又去不成。我了解到一点如何不去拜访人的技巧，这是被迫学出来的。很久以后毕加索①对我说，凡是富贵人家请他去，他总是会

① 即巴勃罗·毕加索，绘画大师，当时已经声名初起，他也在巴黎，与海明威有交往。

答应的，因为这样一来会使对方感到十分高兴，然后他就推托有事，不能前去。不过这话和斯泰因小姐没有关系，他说的是其他人。

那是个春光明媚的日子，我恰巧从天文台广场穿过卢森堡花园，这个花园很小巧。七叶树上繁花盛开，孩子们在鹅卵石小径上玩耍，他们的保姆坐在附近的长椅上。我还看见树林里有斑尾林鸽，听见了别的鸟躲在树上鸣叫。

还没等我按铃，女佣就把门打开了，让我进去等一会儿，说斯泰因小姐马上就下来。那时还是上午，可是女佣却倒了一杯白兰地，放在我手里，她便快活地眨眼。我的舌头触到了这无色的烈酒，感觉非常棒。当酒香还弥漫在唇齿之间时，我却听见另外一个人在和斯泰因小姐说话。而一个人对另一个人类似那样说话的情形，是我闻所未闻的，绝对没有，在哪儿都没听到过。这时，斯泰因小姐的恳求及央求声传进我的耳朵，她说："不要，小猫咪。不要，不要，请别这样。怎么都行，小猫咪，就是别这样。不要，不要，小猫咪。"

我一口气喝干了酒，然后将空杯放在桌上，朝门口走去。女佣向我摇手示意，轻声说道："别走。她一会儿就下来。"

"我必须走了。"我说，我不想再听下去，可偏偏那声音在我走出去时仍旧继续，唯一的办法是赶快离开。那声音着实叫人难以承受，而对方的回答更难听。

走到院子里，我对女佣说："请你告诉她，我进了院子，见到了你。就说我的一位朋友病了，我等不及了。代我祝她们一路顺风，我会写信的。"

"一言为定，先生。很可惜，你没法等下去。"

"是的，"我说，"很可惜。"

对我而言，事情就这样不了了之了，挺可笑的，不过我还是会为她跑跑腿。有需要的话，露一下面，把她想见的人带来，等一个新阶段的来临。一批新朋友来到她家，她所要求见面的人就和大多数男朋友一起被打发走。看到工作室挂进了一些新的但毫无价值的画和那些名作，不禁令人叹息，不过这已经无关紧要了，至少与我不相干。她几乎跟我们每一个喜爱她的人都吵过架，除了胡安·格里斯[1]，因为他已经死了，她没办法跟他吵架。我肯定他不会计较这类事情，这一点反映在他的画里，他对一切都不在乎了。

最后，她又和这些新朋友吵架了，不过我们中间的所有人都不在乎这种事了。她变得像罗马皇帝一样专横，如果你喜欢看起来像罗马皇帝式的女人，那祝贺你。毕加索以前给她画过像，在我的记忆中，她还是意大利北部农妇的样子。

后来，所有人，或许并不是所有人，都和她言归于好，为的是不让人觉得气焰嚣张或者狂妄自大。我也这样做了。但是，不论是在感情上还是思想上，我再也不能和她真诚相待了。如果你在脑子里已经不能和这个人真诚相待，这是最糟糕透顶的事。不过问题还要复杂得多。

---

① 胡安·格里斯（1887—1927），西班牙画家，1906 年移居巴黎，与毕加索一起开创立体派画派作品，其中以拼贴画和静物油画为主。

一个注定将死的人

那天下午，我碰见欧内斯特·沃尔什①，是在埃兹拉的工作室里。他和两个穿着貂皮长大衣的姑娘在一起，外面街上停着一辆车身很长的、闪闪发亮的汽车，是从克拉里奇旅馆里租来的，司机身穿制服。两个金发女郎是和沃尔什乘坐同一艘船渡海而来。轮船前一天抵达，他带她们来拜访埃兹拉。

欧内斯特·沃尔什皮肤黝黑，看起来热情而真诚，是个地道的爱尔兰人，他具有诗人气质，但面带死气，就像一部电影里那个注定快要死的角色一样。他在和埃兹拉交谈，而我正与两个姑娘聊天。姑娘们问我读过沃尔什先生的诗没有。我回答说没有。这时，其中一个姑娘就拿出一本由哈丽特·蒙罗创办的、绿色封面的《诗刊》，随后把其中沃尔什发表的诗拿给我看。“他每篇能得一千二百元。”另一个姑娘说。

我记得我的稿酬是每页十二元。

于是我说：“他可能是一位十分伟大的诗人。”

“比埃迪·格斯特②所拿到的稿酬更多。”第一个姑娘告诉我。

“比那个诗人还多，她叫什么来着？”

“吉卜林③。”她的朋友说。

“从来没有人拿过这么多。”第一个姑娘肯定地说。

---

① 沃尔什（1895—1926），1924年秋与海明威相识，海明威的《大双心河》（1925）在他和中年情人埃塞尔·摩尔海德共同创办的《本拉丁区》上发表。他于1926年死于肺病。

② 埃德加（比埃迪为爱称）·格斯特（1881—1959），美国诗人，但是在英国出生。曾经在《底特律自由报》上每天发表一首宣扬凡人的道德观念的诗，得到各报广泛的转载，深受被他称为“老乡亲”的读者的喜爱。

③ 吉卜林（1865—1936），英国诗人、小说家。主要作品有《丛林之书》（1895）两卷和《吉姆》（1901），于1907年获得诺贝尔文学奖。

“你们要在巴黎住很久吗?”我问她们。

“噢，不，不会待得太久。我们还有一些朋友呢。”

“我们是乘坐这条船而来。船上除了沃尔什先生，其他一个名人也没有。”

“他打牌吗?”我问。

她用沮丧但理解的目光看着我。①

“不。他不用打牌。瞧他的诗写得多好就知道了。”

“你们坐什么船回去?”

“哦，那得依情况而定。需要看是什么样的船，还有好多别的因素。你回去吗?”

“不。我在这里混得很好。”

“这一带怎么说也算是个穷人区，对吧?”

“是的。不过倒是不错。我可以在咖啡馆里写作，还可以出去观看赛马。”

“你难道是穿着这样的衣服去看赛马?”②

“不。这是我泡咖啡馆的着装。”

“有意思，”其中一个姑娘说，“我非常想体验一下咖啡馆的生活。你想吗，亲爱的?”

“我想。”另一个姑娘回答道。我把她们的姓名留在了通信簿上，承诺会去克拉里奇旅馆探望她们。她们都是不错的姑娘，我向她们和沃尔什还有埃兹拉一一道别。这时沃尔什同埃兹拉谈得正起劲儿。

“别忘了。”那个高个的姑娘说。

---

① 这一段对话其实双方都是话中有话。这两个金发女郎是当时所谓的“淘金者”，她们盛装打扮后出入各种交际场所或者乘船旅游以此来结识有钱人。所以，她们在横渡大西洋的邮船上和沃尔什勾搭上了，并且听他吹嘘一首诗能赚很多钱。海明威听了心中憋火，因此便问，沃尔什是不是在船上打牌。因为在类似这种场合经常会有一些男骗子通过花言巧语来结交有钱人，以打扑克为名来骗钱。姑娘听后很沮丧，但是她能够理解。她想，你是什么人啊，看起来衣着这么寒酸，还出口伤人。

② 当时看赛马是上流社会盛行的社交方式，男的穿着礼服，戴礼帽，女的则需要盛装打扮。

“我怎么会忘记呢?”说着我又和她俩握了握手。

此后，我从埃兹拉那里得知了关于沃尔什的消息，他在几位崇拜诗歌和那些注定将死的年轻诗人的妻子的帮助下，从克拉里奇旅馆的窘境中全身而退。过了不久，他又从另一个来源获得了资助，即将在这个地区开始和别人共同创办一份新杂志。

当时，一份由斯科菲尔德·塞耶编辑的美国文学杂志《日晷》，要颁发一项年度奖金，大概是一千元吧，以此来嘉奖鼓励一位在文学创作上取得非凡成就的撰稿人。这笔奖金对于当时任何一个正派的作家来说不仅是荣誉，还是很可观的收入。许多人都得过这项奖金——均是受之无愧的。在当时的欧洲，两个人每天只需要五块钱就能生活得很舒坦自在，而且还能外出游历。

这份季刊，沃尔什是编辑之一，听说在第一年的四期都出版后会评出一篇最佳作品，向作者颁发一笔数目很大的奖金。

这个消息无论是真是假，或者是一个个人信心的问题，我们姑且不论。我们还是希望并自始至终相信这事都是正大光明的吧。至少与沃尔什合作的那位编辑是无可指摘的。

在我听到这件谣传奖金的事后不长时间，有一天，沃尔什邀请我去圣米歇尔林荫大道上最豪华的餐馆吃午饭。那不是平常见到的、肥厚的、便宜的葡萄牙牡蛎，而是一种扁形的、稍微呈紫铜色的、昂贵的马朗牡蛎，外加一瓶微熏的干白葡萄酒。在吃过牡蛎之后，沃尔什拐弯抹角地谈起了奖金的事。

他看起来是在欺骗我，如同他曾经欺骗那两个同船的同伙那样。当然，如果她们真是他的同伙而被他欺骗了的话。当他问我是否愿意再要一打扁牡蛎，我说非常想要。他并没有再费尽心思向我流露他那副将死的神色，使我松了一口气。他清楚我了解他患有肺结核，这种病在当时是不治之症，我也知道他的病情有多严重。他没有故意咳嗽，对此我在吃饭时是很感激的。我不知道他会不会像堪萨斯城的妓女们那样来吃这种扁牡蛎，她们是注定将死的人，浑身的病，因此总会把精液当作是对付肺结核的头等特效药而眼巴巴地等待吞咽精液。不过我没有问他。我开始吃第二打扁牡蛎，先把它们从银盘里铺着的碎冰块中挑拣出来，再把柠檬汁挤在扁牡蛎上面，看蚌唇收缩，我便把黏附在贝壳上的肌肉扯开，送到嘴里仔细咀嚼。

“埃兹拉是个无比伟大的诗人。”沃尔什用他那诗人的、黑黑的眼睛看着我说。

“是的，”我说，“品格也很高。”

“杰出，”沃尔什说，“真的杰出。”我们安静地吃喝着，这好像是在对埃兹拉的高尚品格致以崇高的敬意。我挂念着埃兹拉，他要能在这里就好了。他也吃不起马朗牡蛎。

“乔伊斯真伟大!”沃尔什说，“了不起，了不起。”

“了不起，”我说，“而且还是个重友情的人。”我们结为朋友，是在他完成了《尤利西斯》之后，以及在他动笔写一部“在写作中的作品”（我们曾经有很长一段时期这么称呼）之前的那段鼎盛时期。我想到了乔伊斯，回忆起很多事情。

“我祈祷他的眼睛能有所好转。”沃尔什说。

“他也盼着能好。”我说。

“这是我们这个时代的悲剧。”沃尔什对我说。

“谁都免不了有点病。”我说，我竭尽全力想把这次午餐的气氛变得愉快起来。

“你可没有什么。”他忽然对我非常亲切，接着又说他自己活不长了。

“你的意思是我还没有被打上死亡的标记?”我不由自主地问道。

“对。你被打上了生命的标记。”他对“生命”这个词发音很重。

“等着瞧吧。”我说。

他想来一份五分熟的、上好的牛排，我要了两份菲力牛排和贝亚恩蛋黄黄油调味汁。我想黄油对他可能有好处。

“喝一瓶红葡萄酒如何?”他提议。服务员来了，我点了一瓶

“教皇新堡”①。反正喝多了我可以沿码头散步，或者在什么地方睡上一觉。而他既可以睡上一觉，也可以去干他想干的事。

待我们吃过牛排和法式炸土豆条，又把那瓶不是午餐酒的“教皇新堡”葡萄酒喝了还剩三分之一之后，他才挑明了话题。

“犯不着拐弯抹角，”他说，“你清楚你将要得奖了，不是吗？”

“我？”我说，“怎么说？”

“你就要得奖了。”他说。他开始谈及我的作品，我却不想再听了。我讨厌别人当面谈我的作品。我全神贯注地盯着他和他那将死的面部，心里暗想，你这个骗子，竟然拿你的疾病来蒙骗我。我曾经看到过有一营的士兵倒在大路上的尘土里，其中三分之一的人将要死去或者比这更惨，但他们也没有任何特殊的表情，却仍然全部归于尘土。我也看见了你，你这副将死的神色，你这个骗子，却以此来维持生活。现在你想蒙骗我。汝不欺人，人不欺汝。他并没被死神哄骗，死亡确实即将降临。

“在我看来，我没资格得到奖励，欧内斯特。”我说，用我自己的名字（我恨这个名字）来这么叫他，我感到颇为得意。“况且，欧内斯特，这样做也不道德，欧内斯特。”

“真神奇，我们两个同一个名，不是吗？”

“是的，欧内斯特，”我说，“这是一个我们俩都要对得起的名字。你明白我的意思②，对吗，欧内斯特？”

“我明白，欧内斯特。”他说。他以忧郁的爱尔兰人风度对我表示完全理解，还显出非常亲切的样子。

因此，后来我对他及他的杂志自始至终都表示出关心和友好。在他因肺出血而离开巴黎之际，由于印刷工人全都不懂英文，他便央求我帮忙照看那一期杂志的排版印刷工作，我照做了。我见过一次他吐血，那正是肺结核的症状。我还知道他活不

① 教皇新堡，产于法国南部阿维尼翁附近的葡萄园，该城曾设立天主教教皇的教廷，此酒深受诸多红衣主教的追捧。

② 即德语 Ernst，意为真诚。

久了。我当时正处于生活中的一段非常时期，我对他非常好，对此我感到十分得意，正如我叫他欧内斯特那样得意。再者，我喜欢并敬佩和他合作的那位编辑。她并没有承诺兑现给我任何奖金，她只是想把杂志办好，让投稿人都能得到丰厚的稿酬。

很久以后的一天，我在圣日耳曼林荫大道上碰见乔伊斯，他刚一个人看完一场戏，正从对面走来。尽管他不能看清演员，但是他仍旧喜欢听演员们的台词。他请我去喝一杯，于是我们便去了双猴咖啡馆。尽管你可能曾经读到他只爱喝瑞士的白葡萄酒，但我们还是点了干雪利酒。

“沃尔什过得还好吗？”乔伊斯问道。

“这王八蛋，死活都一样。”我回答道。

“他把那项奖金许给你了吗？”乔伊斯问。

“是的。”

“不出我所料。”乔伊斯说。

“他承诺过也要给你吗？”

“是啊！”乔伊斯说。过了一会儿，他又问，“你觉得他对庞德承诺过吗？”

“我不清楚。”

“最好不要问他。”乔伊斯说。我们就此话题做出了结。我告诉乔伊斯我在埃兹拉的工作室第一次见到沃尔什以及和他同行的那两位身穿裘皮长大衣的金发女郎的场景，他听得饶有兴致。

埃文·希普曼在丁香园咖啡馆

自我发现西尔维亚·比奇图书馆那天开始，我读了很多书，其中有屠格涅夫的所有作品、已经出版的果戈理作品的英译本、由康斯坦斯·加内特翻译的托尔斯泰的小说和契诃夫作品的英译本。我们来巴黎以前在多伦多的时候就听说过凯瑟琳·曼斯菲尔德是个相当优秀的短篇小说作家，甚至可以说她是个伟大的短篇小说作家，但是在读过契诃夫的作品之后回头再试着去读她的作品，那种感觉就如同你面对一个年轻的老处女，而她在喋喋不休地给你精心编造故事，经过比较可以发现另一位则不然，他的作品是出于一个擅长表达且对人生有敏锐洞察力的内科医生，同时是一位朴素认真的作家之手。曼斯菲尔德就像一杯口味过淡的啤酒，喝这酒还不如干脆喝水。契诃夫的小说却截然不同，当然，除了他像水一般清澈透明这一点。他有一些短篇好像跟新闻报道一般，但还有一些是相当精彩的。

在陀思妥耶夫斯基的作品中，包含一些可信也有些不可信的东西，但是有些作品却写得那么真实，他写出了人的脆弱与疯狂、邪恶与圣洁、赌博的愚蠢，就像你可以在屠格涅夫的作品中了解到那些像画一样的风景和大路，在托尔斯泰的作品中了解部队，调动、军官、士兵、地形和战斗等。托尔斯泰使斯蒂芬·克兰那部写美国内战的作品①变得像是出于一个从来不曾经历过战争，只读过一些藏在祖父母屋子里的战役记录和编年史，而且看

① 指美国小说家斯蒂芬·克兰（1871—1900）的代表作《红色英勇勋章》。他确实从来没有经历过战争，但他把一个第一次上战场的士兵在战火纷飞的环境中的表现写得活灵活现，被称为战争小说中的杰作。

过那些布雷迪[1]拍摄的照片的病孩脑子里出现的色彩缤纷的梦幻而已。我在读司汤达的《巴马修道院》之前，从来没有读过有关战争的切实描述，除非是在托尔斯泰的作品中，而司汤达对滑铁卢战役的精彩叙述是这部比较沉闷的小说中一个出乎意料的片段。我发现了这个包含着各种各样文学作品的新世界，还发现在像巴黎这样一个有很好的适合工作的生活方式的城市中，不论你是多么穷困，你总能有充裕的时间去读书，就像获得了一个赠予你的大宝库。外出旅行你也可以带上你的珍宝，我们到达瑞士和意大利，住在山区，直到最后我们发现了施伦斯，它藏在奥地利的福拉尔贝格州高地上的山谷中，身边总带着书，这样你自然而然地就生活在你发现的这个新奇的世界里，那里有雪、森林、冰川以及与之相关的种种冬天的事物。而在白天的时候你却在那村子里鸽子旅馆的高大的庇护所中待着，夜晚，你可以沉浸到俄罗斯作家给你的另一个神奇世界里。最开始是俄罗斯作家，后来就一应俱全了。但是好长一段时间我读的是俄罗斯作家。

记得有一次，我和埃兹拉在阿拉戈林荫大道的球场上打网球，然后一起走回家，他邀我到他的工作室去喝杯酒，我问他对陀思妥耶夫斯基的看法。

“实话对你说，海姆，”埃兹拉回答说，“我还从来没有看过俄国作品呢！”

这是个坦率的回答，除此之外再没能从埃兹拉的口中听到其他任何说法，但我觉得很不是滋味，因为在那时，他恰是我最钟爱、最信任的评论家，他深信 mop juste——就是需要使用独一无二的恰当的词——正是他教会了我不要依赖形容词，就像我后来学会在什么情况下千万别信赖某些人那般，而我正想听一听他对一个基本上从没用过恰当的词，然而有时候却可以做到他人几乎不能做到的，让笔下的人物活灵活现的作家的意见。

① 布雷迪（约 1823—1896），美国摄影师，早年专门拍摄包括美国总统在内的名人像，在美国内战时期，雇用二十多名摄影师，分头拍摄各战区的实况。

“还是专看法国作品吧，”埃兹拉说，“那已够你学的了。”

“这我明白，”我说，“我在哪儿都有很多东西要学。”

后来我从埃兹拉的工作室中走出来，顺着大道往锯木厂走，沿着两旁耸立的高楼之间的夹道向着大街望去，大街尽头的空旷处有许多树木，可以清晰地看到有些光秃的树木，后面隐约可以看到比利埃舞厅的门面，我的住所就在宽阔的圣米歇尔林荫大道的对面。我推开院门迈步进去，走过堆放着的新锯好的木材，把网球拍挂在楼梯旁的夹子上，朝着楼上呼喊，但家里没人。

“太太出门了，保姆带着宝宝也一起出去了。”锯木厂老板娘对我说。她是个很难相处的女人，身体非常肥胖，一头黄发。我向她道了谢。

“有个年轻人来找过你。”她说，［她用 jeune homme（年轻人）而不用 monsieur（先生）。］“他说他会待在丁香园等你。”

“真是非常感谢。”我说，“太太回来，请你转告她我去丁香园了。”

“她和朋友们一起出去了。”老板娘说，提着紫色的晨衣，趿拉着一双高跟拖鞋，往她自己的领地的门洞中走去，但没有关门。

街道两旁耸立着沾有条条点点污迹的涂刷过白粉的房屋，我沿着大街往前走去，走到阳光照耀下的街口，往右转弯，来到幽暗中夹杂着缕缕阳光的丁香园咖啡馆。

我没有看见熟人，于是走到外面的平台上，看到了埃文·希普曼①正在等我。他是一位非常不错的诗人，对赛马、写作和绘画都很有研究，也很喜欢。他站起身来，他有高高的身材，苍白的脸色，瘦削的双颊。他的白衬衫领子脏兮兮的并且有些破损，领带倒是打得非常端正，身着又旧又皱的灰色西装，他弄脏的手指简直比头发还黑，指甲也很脏。他以亲切的微笑表示着歉意，

① 希普曼（1904—1957），美国作家，1933 年曾在基威斯特岛担任海明威大儿子约翰的家庭教师。在西班牙内战中受过伤，后来在第二次世界大战中任军士。发表过一部诗集和一部写赛马的短篇小说集《可自由参加的竞赛》（1935）。

以免露出参差不齐的牙齿。

“见到你真高兴，海姆。”他说。

“你好吗，埃文?”我问他。

“心情有些沮丧，”他说，“不过我想那匹‘马捷帕’被我给镇住了。你一向可好?”

“我想也是，”我说，“你去我家那会儿，我和埃兹拉正好到外面打网球去了。”

“埃兹拉还好吗?”

“很好。”

“听到这样我很高兴。海姆，你知道，我发现你的住处那儿的房东太太不喜欢我，她不让我在楼上等你。”

“我得问问她去。”我说。

“不用麻烦啦。我以后就在这里等好了，现在待在阳光下非常舒服，是不?”

“秋天了，”我说，“我瞧你穿得挺单薄的。”

“只有晚上的时候才会变冷的，”埃文说，“我穿上外衣好了。”

“你知道大衣在哪儿吗?”

“不知道。不过肯定是在一个安全的地方。”

“你如何知道的?”

“因为我将那首诗放在大衣里面了。”他的嘴唇抿紧以遮住牙齿，并开心地笑起来。“请陪我一起喝杯威士忌吧，海姆。”

“好啊!”

“让，请来两杯威士忌。”埃文站起来唤服务员。

让端上酒瓶和杯子还有两只小碟，碟子上标有十法郎的字样，还有苏打水瓶。他没有用量杯，直接往杯里注酒，一直到超过了杯子容量的四分之三才停下来。让很喜欢埃文，每当到了让休息的那天，埃文经常和他一起到他在巴黎奥里昂门外蒙鲁日镇上的花园打理花木。

“你不要倒多啦。”埃文对这个身材高大的服务员说。

“这不是两杯威士忌吗?”侍者答道。

“我们往酒里掺了水,”埃文说,“第一口要细细地品尝,海姆。喝得合适的话,可以让咱们喝不少时间呢!”

“你能把自己照顾好吗?”我问他。

“可以啊,确实是这样,海姆。咱们谈谈别的吧,好吗?”

平台上没有别人,几口威士忌下肚使我们两人的身体都暖和起来,虽然我穿的秋天衣服跟埃文穿的相比要好,因为我将一件圆领长袖运动衫穿在里面当作内衣,外面是一件衬衣,再套着一件蓝色的法国水手式的毛线衫。

“我一直在琢磨陀思妥耶夫斯基,”我说,“一个人写得那么差劲,差劲得简直让人无法相信,可又怎么能够这样深深地打动你呢?”

“不会是译者的问题,”埃文说,“她译托尔斯泰就显出原作写得很精彩。”

“我明白。我记得以前有好多次我都打算试着去读《战争与和平》,直至最后才终于把康斯坦斯·加内特的译本弄到手。”

“据说这个译本还可以改进,”埃文说,“我相信肯定可以,虽然我根本不了解俄文,但是我们都可以读译本。而这本书确实精彩,我看称它为最伟大的小说也是合适的吧,真是百读不厌。”

“我明白。”我说,“但是陀思妥耶夫斯基的作品就读不了几遍。有一次,我出外旅行,随身带了本《罪与罚》,在施伦斯没书看了,我没办法将《罪与罚》重新读一遍。我看奥地利报纸,学德语,直到很偶然地找到了几本陶赫尼茨版的特罗洛普作品。”

“愿上帝保佑陶赫尼茨吧。”埃文说。威士忌那火辣辣的效果已经退去,掺了水之后,只觉得酒劲儿太大了。

“陀思妥耶夫斯基是个坏蛋,海姆,”埃文继续说道,“他最拿手的就是写坏蛋和圣徒题材,在他的笔下出现了很多了不起的圣徒,可惜的是我们第二遍就看不下去了。”

“我想重新看一遍《卡拉马佐夫兄弟》。过去也许是我没好好看。”

“你可以将它其中的一部分再读一遍，大部分都能看。不过看着看着你就会生气的，作者再伟大也不行。”

“是的，我们很幸运可以有机会第一次读到它，或许还会有更好的译本吧。”

“你可不要被这种想法诱惑，海姆。”

“不会，我打算读得随便点，在不知不觉中读进去，这样随着你看的节奏将会逐渐发现它其中蕴藏的深远意味。”

“嗯，我用让的威士忌向你表示支持。”埃文说。

“他这样做会给自己带来麻烦的。”我说。

“他已经碰上麻烦了。”埃文说。

“发生什么事了?”

“店里要变样了。”埃文说，“新的老板打算添设一个美国式的酒吧，想借此招徕一些舍得消费的新顾客。这就要求服务员都得穿上白色上衣，海姆，还规定必须刮掉胡子。”

“他们怎么能对安德烈和让提出这样的要求?”

“按说是不能，可他们还是要这么干。”

“让从来都是留着小胡子的。他在骑兵团服过役，那可是龙骑兵的小胡子。”

“他不刮也不行啊!”

我把杯里剩下的威士忌都喝了下去。

“先生，还要来一杯威士忌吗?”让问道，“希普曼先生，给你来杯威士忌?”他那密簇的、两端向下垂落的小胡子是他那瘦削而和善的面孔的一个组成部分，他光秃秃的头顶在一缕缕平滑地横贴在上面的头发下闪闪发亮。

“别这样，让，”我说，“不要冒险。”

“哪有什么险可以冒啊，”他悄声对我们说道，“只有一团混乱，好多人都打算辞职不干了。就要两杯吧，先生们。”他大声说。他走进了咖啡馆里，端着一瓶威士忌、两只大玻璃杯、两只标有十法郎的金边碟子和一只矿泉水瓶走了出来。

“别，让。”我说。

他将玻璃杯放到碟子上，几乎斟了满满两杯的威士忌，然后拿着剩有余酒的瓶子回到咖啡馆里面去了。埃文和我给杯子里倒了一点矿泉水。

“陀思妥耶夫斯基与让不相识，真是一件很幸运的事，”埃文说，“否则他会暴饮而死的。”

“这两杯酒怎么办?”

“把它们消灭掉，”埃文说，“这是抗议，是直接行动。”

在接下来的星期一的早晨，我前往丁香园写作，安德烈给我送来一杯兑了水的保卫尔牌浓缩牛肉汁。他身材矮小，金发碧眼，原来上嘴唇上蓄着的粗短胡须，现在却变得光秃秃的，跟牧师有些像，他身上穿着一件美国酒吧招待的白色上衣。

“让现在在哪儿?”

“他明天才能来。”

“他怎么样?”

“他还得过一阵子才能适应，在整个大战的时候，他始终在一个装配着重武器的骑兵团里，并且获得了军功勋章和战斗十字勋章。”

“他原来竟然还负过重伤，这点我还真不知道。”

“不。他自然是负过伤的，但是他得到的是另一种军功章，是用来奖励他的勇敢。”

“请你代为转达我对他的问候。”

“好的，”安德烈说，“但愿他很快就能适应。”

“请你也向他转达希普曼先生的问候。”

“希普曼先生现在正和他在一起，他们在一起搞园艺工作呢。”安德烈说。

一个邪恶的特工人员

在埃兹拉准备离开乡村圣母院前往巴洛的时候，他和我说的最后一句话是："海姆，我要你把这瓶鸦片保管好，等到邓宁[①]真的需要的时候再给他。"

那是一个很大的冷霜瓶，我打开盖子一看，里面装着一些黑乎乎、黏稠稠的东西，一股生鸦片烟的气味飘散出来。埃兹拉说，他是从一个印度的族长那里买来的，就在意大利人林荫大道附近的歌剧院大街上，价钱不菲。我想，那肯定是从"小不点酒吧"来的，那个酒吧历史悠久，在第一次世界大战后，变成了一个逃兵与毒品贩卖者的聚集地。小不点酒吧十分狭小，涂着红色油漆的门面显得有些沉闷，放到意大利人路上来看，比走廊略微宽那么一点。有一段时间，它曾有道后门跟巴黎的下水道相通，据说一直能通到地下陵墓。邓宁全名叫拉尔夫·契弗·邓宁，他是个诗人，抽了鸦片就忘了吃饭，抽得过多的时候牛奶成了他唯一愿意进食的东西。他写诗用的是三行诗节[②]，这一点取得了埃兹拉的好感并发现他的诗有许多优点。他的住处就在埃兹拉工作室的院落里，在埃兹拉还没有离开巴黎的前几星期曾叫我去帮助濒危的邓宁。

"邓宁垂危，"埃兹拉在短签上这样写道，"请迅速前来。"

躺在床垫上的邓宁，瘦得像一副骷髅，将来他准会死于营养

① 邓宁（1878—1930），美国诗人。20世纪20年代中期和在巴黎的美国文人为伍，沉默寡言，热衷于创作传统的格律诗而不求发表，他在诗中表达心中的忧伤和人生的无常，最终流露出一股求死的欲望。最后因肺结核和生活贫困而死。多亏庞德和其他文友的帮助，才能出版几种诗集。

② 三行诗节，意大利的一种抑扬格五音步的诗体。每节三行，其第二行与下一节的第一、第三两行押韵。但丁的《神曲》即以三行诗节写成。

不良的，但是我终于让埃兹拉相信极少有人是在用简短的警句说话的时候死去，而且我从来没有听说过有人是在用三行诗节这种诗体说话时死去的，连但丁都不可能。埃兹拉说他并没有用三行诗节讲话，我就说那也许仅是听起来像三行诗节，因为当我被他派来的人叫去的时候还没睡醒。我们陪了邓宁一整夜，等着死亡时刻的降临，到天明只好让医生来处理了，于是邓宁住进了一家私人诊所，在那里戒毒。埃兹拉保证替他付账并召集了一批我并不认识的邓宁的诗歌爱好者前来救助他，只是将在真正的紧急关头给邓宁送去鸦片的任务交给了我。这是埃兹拉交给我的一项神圣任务，我只希望自己能够不辱使命，判断好什么是绝对紧急情况。在一个星期天早晨，紧急关头突然来临，埃兹拉寓所的看门人匆忙前来锯木场，冲着楼上那扇完全敞开着的窗子，我此时正在窗前研究赛马表，她高声叫道："Monsieur Dunning est monté sur le toit et refuse catégoriquement de descendre."① 邓宁爬到工作室的屋顶上，还死活不肯下来，这看起来好像真是一个紧要关头，于是我将那瓶鸦片找了出来，跟着看门女人上了街。这个女人个头矮小，神情紧张，眼前这件事使她慌了神。

"先生，你身上带了能派得上用场的东西吗？"她问我。

"肯定带了，"我说，"不会有问题的。"

"庞德先生真是仁慈的化身，"她说，"他什么都想到了。"

"他确实是这样，"我说，"我每天都想他。"

"但愿邓宁先生会明点事理。"

"我这儿有治他的东西。"我安慰她说。

当我们到达工作室所在的院子时，看门女人说："他已经下来了。"

"他肯定知道我要来了。"我说。

我从邓宁住处外面的楼梯爬上去走到门口，敲了敲他的门，门开了。他神情憔悴，高得出奇。

---

① 法语："邓宁先生爬到屋顶上去了并断然拒绝下来。"

“埃兹拉嘱咐我将这个东西带给你，”我说着便把瓶子递到他的手中，“他说你会知道那是什么。”

他拿着瓶子看了一眼，接着就把它朝我扔了过来，瓶子打向我胸前，好像是落在了肩膀上部，然后顺着楼梯滚落下去。

“你这杂种，”他骂道，“你这狗娘养的。”

“埃兹拉说你也许会用得上。”我说。

他把一只牛奶瓶扔过来作为回应。

“你真的不需要?”我问道。

又一只牛奶瓶扔了过来，我转身便走，他又用另一只牛奶瓶打在我的后背，砰地关上了门。

我拾起摔裂了一点的鸦片瓶放进口袋。

“他看起来并不想要庞德先生留给他的这份礼物。”我对看门女人说。

“他现在也许能平静下来。”她说。

“或许他自己身边有一些吧。”我说。

“可怜的邓宁先生。”她说。

后来，那一批由埃兹拉组织的诗歌爱好者再一次聚会救助邓宁。而我和看门女人的介入却没起到作用。那只据说是装有鸦片的瓶子被摔裂了，我拿蜡纸包好，仔细地扎好，将它藏到我的一只旧马靴里。数年后，我从那套公寓里把我的私人物品搬走的时候，埃文·希普曼前来帮忙，发现那双马靴还在，瓶子却没有了。我不清楚邓宁为什么对我扔奶瓶，除非他想起了他第一次病危的那天夜晚我怀疑了他，要不就是他天生就讨厌我。但是我清楚地记得“邓宁先生爬到了屋顶，死活不肯下来”这句话把埃文·希普曼逗得开怀大笑。他认为这里面含有几分象征的味道。我可想不出来。或许我被邓宁当作一名邪恶的特工或者警察局的暗探了。有一点我很清楚，埃兹拉尽心尽力地关心照顾邓宁就如同他关心照顾很多人一般，而我却一直希望邓宁真的能像埃兹拉所认为的那样是一位杰出的诗人。别看他是个诗人，他扔奶瓶倒扔得非常准。但是埃兹拉绝对是一位非常伟大的诗人，并且他还打得一手好网球。埃文·希普曼是一位非常优秀的诗人，他的诗能否出版他从来不放在心上，他觉得这个谜还是不解开为好。

“我们生活中需要更多的谜，海姆，”有一次他跟我这样说道，“丝毫没有野心的作家与那些真正称得上好的且没有发表的诗作是我们当前最匮乏的东西。当然，也得考虑如何维持生活的问题。”

司各特·菲茨杰拉德

他的才能如同一只粉蝶翅膀上由粉末构成的图案那样清新自然。有个时期他竟像蝴蝶一样对此全然不知，他也不知道这图案究竟是在什么时间被擦掉或损坏的，以至后来他才发现翅膀受到损伤并且对它们的构造有了了解。他学会了思考，但不能再遨游空中，因为他已不爱好飞行，他只能回忆过往那些毫不费力飞翔的日子。

我第一次见到司各特·菲茨杰拉德的时候就碰到了一件非常怪异的事。司各特做的许多事情都很怪，但是这一件事我永远不会忘掉。那天，我正坐在德朗布尔路上的丁戈饭店的酒吧里，同一些没有任何价值可言的人坐在一起，他走了进来，自我介绍，然后又介绍了一个身材高大、满面笑容的男人——著名的棒球投手邓克·查普林。我没看过普林斯顿的棒球赛，所以邓克·查普林的名字从未听到过，但是他非常和蔼、无忧无虑、从容不迫还很友好，同司各特相比，我更喜欢他。

那时的司各特还带点孩子气，他长着一张介于英俊和漂亮之间的脸，他满头金色鬈发，额角高高的，目光友好而兴奋，一张薄薄的嘴唇，带着爱尔兰人风格的纤巧的嘴，要是长到姑娘脸上，肯定会是一张美人的嘴。他的下巴很结实，两耳端正，鼻子不很突出，但很好看，几乎可以说很漂亮。这一切合在一起原本构成不了一张漂亮的脸，但是色调成全了他的漂亮，非常悦目的金发和那张嘴成全了他的漂亮。那张嘴在你不了解他的时候让你捉摸不透，等你了解他之后，就更难捉摸了。

我那时很想同他结识，紧张地写作了一整天后，没想到同司各特·菲茨杰拉德竟然会在这里相遇，自然觉得非常高兴。再说那位非常棒的邓克·查普林，我以前从未听到过他的名字，但是现在他却变成了我的好朋友。司各特滔滔不绝地说话，谈我的作品，说很了不起，我听了很窘，便紧紧盯着他，不去听他讲话，而是观察他的动作。我们那个时候依然有着这样的思维方式，认为如果谁当面恭维你，那无异于是赤裸裸的耻辱。司各特点了香槟酒，于是他和邓克·查普林还有我三个人，我清楚地记得，我们和那些毫无价值的人一块喝起来。我注意到邓克或者我并没有仔细地听司各特演讲，演讲自然是没人爱听的，而我则一直在静静地观察司各特，他身材瘦弱，脸上稍有些浮肿，看上去身体不太好。他穿着布罗克斯兄弟服装公司的套装，很合身，配着一件领尖钉着装饰扣的白衬衫，系着一根格尔德公司的领带。我想应该将我对这领带的意见告诉他，巴黎有英国人，可能到这丁戈酒吧里——眼前这儿能看到两个——可是再一琢磨，关我什么事，于是我又盯着他看了一会儿。后来才知道他那根领带原来是在罗马买的。

这一阵观察没有什么新发现，除了看出他的样子很漂亮，两只不是太小的手显得很能干，然而当他在酒吧的一张高脚凳上坐下的时候，我才发现他的两条腿很短。如果双腿长度正常，他也许可以高出两英寸。我们喝完了一瓶香槟，开始喝第二瓶，他的演说也接近尾声了。

邓克和我都开始觉得这会儿的感觉甚至比喝香槟之前更好一些，而那喋喋不休的演讲总算停了，这确实算得上是件好事。直到这时我才有种感觉，原来我竟然是一个这么伟大的作家，但一直就像个秘密一样在我本人与我妻子之间小心翼翼地保守着，只有对那些我们彼此相交很深的人才会说到这一点。现在我高兴司各特也得出了相同的结论，但是眼看他这篇演讲快要进行不下去了，同样使我感到愉快。然而演讲一结束，提问环节就开始了。你可以仔细地去观察他而不必注意听他在说些什么，但提问是躲不开的。我后来才发现，司各特相信小说家完全可以直接通过向他的朋友或者熟人以提问的方式来获取他想要知道的东西。他的诘问非常直率。

“欧内斯特，我叫你欧内斯特，”他说，“你不介意吧？”

“你问问邓克吧。”我说。

“别胡闹，我是认真和你说的。告诉我，你和你妻子结婚前同居过吗？”

“不知道。”

“什么叫不知道？”

“我已经不记得了。”

“这是一件很重要的事，你怎么可能不记得呢？”

“不知道，”我说，“非常奇怪，不是吗？”

“比奇怪更离谱、更糟糕，”司各特说，“你应该记得。”

“不好意思，很遗憾，是不是？”

“不要像英国佬那样讲话吧，”他说，“认真一点，好好想想。”

“不成，”我说，“毫无希望。”

“你可以用心好好回忆一下嘛！”

说话的口气够大的，我想。不清楚他对每个人会不会都是这样问的，但是我不这样认为，因为在他说这番话时我曾注意到他在冒汗，一滴滴很小的汗珠从他纤长的、完美的爱尔兰式上唇上渗出来，那时我的视线刚好从他的脸上向下移，看到他坐在酒吧高脚凳上把腿往上提了下，根据观察，我在估计这两条腿大概有多长，现在我又把视线挪回他的脸上。这时怪事发生了。

他在吧台前坐着，手中端着那杯香槟，脸上的皮肤看着好像全部都紧绷起来，直到浮肿全部消失，接着越绷越紧，到最后变得简直就像一具骸骨了。他的两眼深陷，显出一副快要死去的样子，嘴唇紧闭，脸上血色全无，跟点过的蜡烛的颜色似的。这幅景象可不是凭空想象出来的，我亲眼看到他的脸变得像死人一样。

“司各特，你没事吧？”我问。

他没有应声，看上去脸皮却紧绷得更厉害了。

“最好还是把他送到急救站去。”我对邓克·查普林说。

“不需要，他没什么事。”

“他的样子就像是快要死了。”

“没有，他一喝酒就会变成这样。”

我们拦了辆出租车把他扶了进去，我很担心他的状况，但邓克说没事，用不着为他担心。

“等他一到家很可能就好了。”邓克说。

他也许是好了，因为没几天在丁香园咖啡馆我又碰见了他，我说，那酒把他害得好苦，我感到很不安，我们那天可能是一边讲话，一边喝酒，不知不觉喝得太快了。

“你为什么要对我说抱歉呢？你说喝了什么玩意儿将我搞成那副样子的？欧内斯特，你在说些什么？”

“我意思是说，我们那晚在丁戈酒吧喝酒的事。”

“那天晚上我在丁戈好好的，什么病也没有发作啊！你们和那帮该死的英国佬在一起，我只是因为这让我感觉厌倦透了，所以才回家去的。”

“你在的时候除了那名酒吧服务员，哪有什么英国佬啊。”

“别故弄玄虚了。你知道我说的是谁。”

“哦。”我说。他后来可能又去过丁戈，要不就是他又去了一次。哦，不，我想起来了，那天在那儿确实有两个英国佬，这是合适的，我知道他们是谁，他们确实在场。

“是的，”我说，“当然知道了。”

“那个姑娘假充贵族，对人十分傲慢无礼，还有一个愚蠢的酒鬼，是跟她在一起的，他们自己说是你的朋友。”

“是的，那姑娘有时候确实很无礼。”

“你知道啦。所以没必要仅仅因为一个人喝了几杯酒，就装出高深莫测的样子。你干吗要故作高深？我可从来没想过这类事情你会做的。”

“我不清楚。”我想改变话题。接着我想到一件事情，“他们是因为你的领带才表现得那么无礼的吗？”我问道。

“他们为什么会因为我的领带而无礼呢？我那天穿的是一件

白色马球衫，系的不过是一条很寻常的黑色针织领带。”

我只好认输。他询问我喜欢这家咖啡馆的原因，我将这家咖啡馆过去的情况告诉了他，他开始极力去喜欢它。我们就这样坐着，我是出于喜欢这家咖啡馆才来这里的，而他现在则是开始竭力去喜欢它，他提出了一些问题，并告诉我关于一些作家、出版商、代理人和评论家以及乔治·霍勒斯·洛里默①的情况，还有做一名成功的作家会招来的闲言碎语以及经济情况，等等。他对一切都嘲笑挖苦，不断做出滑稽的样子，非常快活而且媚人和招人喜爱，即便你对任何变得惹人喜爱的人通常都会持谨慎态度。他在谈到他所写的每篇作品时都带着轻蔑的口吻，但又没有痛心的意思，我知道他那部新作一定很有成就，他才会不带一丝怨恨谈起以前作品的缺点。他要我读他的新作《了不起的盖茨比》②，只要他从人家手里将最后也是仅有的一本书讨回来，便可以拿给我看。听他这样谈论这本书，你根本不可能知晓它究竟有多么出色，只见他对此怀着一丝羞怯，这种表情是所有谦虚的作家写出了极其出色的作品时都会流露出来的，我盼着他能早点拿回这本书来，好让我早些拜读。

司各特告诉我，麦克斯威尔·潘金斯③告诉他这部书的销路不是很乐观，不过报纸的评论很不错。我记不清楚到底是在当天还是很久以后，他把一篇吉尔伯特·塞尔迪斯④写的书评给我看了，把他的书捧得高得不能再高了。除非吉尔伯特·塞尔迪斯自己的文笔更好，才有可能写出比这更好的评论来。这部书销路不好使司各特感到有些困惑，感到伤心，但是就像我以前所说的，当时他丝毫不感到痛心，就这部书的质量而言，让他感到既害羞

---

① 洛里默（1867—1937），长期担任《星期六晚邮报》编辑（1899—1936），使该刊销量每期达三百万份。

② 《了不起的盖茨比》（1925）是菲茨杰拉德的代表作，也是表现美国所谓“爵士时代”（第一次世界大战之后的二三十年代）的重要作品。

③ 麦克斯威尔·潘金斯，美国斯克里布纳出版公司的编辑，曾是司各特的编辑，经司各特介绍以后也成为海明威的编辑。

④ 吉尔伯特·塞尔迪斯（1893—1970），当时为《本拉丁区》杂志的编辑。

又高兴。

这一天，我和他在丁香园外面的平台上坐着，看着天色渐暗，人行道上行人匆匆，暮霭渐渐笼罩四周。这次我们只是喝了两杯兑了苏打水的威士忌，酒在他身上并不曾引起化学变化。我仔细观察，然而这种变化并没有发生，他没有提出什么无耻的问题，没有做出任何尴尬的事，没有发表演说，行为举止就像是个又聪明、又有风度的正常人。

他对我说，因为气候恶劣他和他的妻子姗尔达不得不将他们的那辆雷诺牌小汽车丢在里昂，他问我愿不愿意陪他一起乘火车去把那辆汽车领一下再跟他一同把车子开回巴黎。菲茨杰拉德夫妇在蒂尔西特路 14 号租了一个带家具的套间，那里离星形广场不远。当时正值暮春，我想现在乡间一定很美，去了可以好好玩一玩。司各特好像是那么友好，那么通情达理，而且我看他喝了两满杯纯威士忌之后也没事，表面看来他神志很正常，是那么有魅力，这让我觉得那天晚上在丁戈发生的事就像一场不愉快的噩梦。所以我说乐意跟他一块儿去里昂，问他何时出发。

我们约定第二天会合，准备坐上午的快车去里昂。这趟火车行驶极快，离开巴黎的时间很准点。后来想起来，路上只是在第戎停靠了一次。我们计划进入里昂城，把车送去检修，做好出发的准备，再好好地吃上一顿晚餐，第二天早晨动身返回巴黎。

我对这趟旅行很热心。我即将与一个年龄比我大并且成就很不凡的作家结伴而行，我们在车厢里交谈的过程中，我肯定能学到不少有用的知识。现在想起来，我当时真的很奇怪，我竟然将司各特当作一个老资格的作家，可当时因为《了不起的盖茨比》这本书我还未曾读过，因此他给我的感觉是一个年龄比较大的作家。在我看来他三年前发表于《星期六晚邮报》上的那些短篇小说很有值得一读的价值，但我一直以为他不是写严肃作品的作家。在丁香园咖啡馆，他曾跟我说过他自以为很好的短篇小说是如何写出来的，它们对《邮报》来说也确实是好作品，此后他把这些短篇小说改写成投寄给杂志的稿件，完全懂得该如何运用诀窍把它们改成容易出手的杂志故事。这使我大为吃惊，说我认为这无异于卖淫，他说卖淫是不假，但是他只能这样做，靠杂志挣钱，手头宽裕了才能写体面的作品。我说我不相信一个人可以爱怎样写就怎样写，那一定会毁掉他的才华，除非他尽力写出他的最佳作品。他说，他先写出的是好作品，后来因为改动又把它们糟蹋了，这样对他来说是不会有什么坏处的。我不赞同这一点，于是想劝说他不要这么干，但我必须有一部小说作为后盾，给他看，让他信服，可惜我还没有写出这样的小说。因为我已开始尝试将原来的那一套写作方式打破，把一切技巧性的东西摒弃掉，我力求以塑造代替描述，写作便有了无穷乐趣。但这样做很不容易，我不确定到底能不能写出一部那样的长篇小说来。我常常劳作整整一个上午才能写一段。

我能作这次旅行让我的妻子哈德莉感到十分高兴，尽管司各特那些已经被她读过的作品她并没有认真对待。她心目中的优秀作家是亨利·詹姆斯[①]。但是她认为我能撇开工作，休息休息是个好主意，虽然我们俩心里都很渴望能有足够的钱买一辆汽车，以后这样的旅行就更方便了。但是这样的事我不能做出保证，根本不清楚是否能做到。那年秋天我在美国出版了第一个短篇小说集，为此博奈与利夫莱特出版公司给我预支了一笔两百元的稿费，我又把短篇小说卖给《法兰克福日报》、巴黎的《本拉丁区》、柏林的《横断面》杂志和《大西洋彼岸评论》，我们在生活上又精打细算，除了日常必需品之外决不胡乱花钱，这样做的目的是能省下钱来等到7月的时候可以去潘普洛纳[②]参加那里的节日，接着前往马德里，最后去巴伦西亚[③]参加节日。

在我们按照计划从巴黎向里昂站出发的那天早上，我到车站比较早，在门口等司各特，他到时候会将车票带来。火车进站的

① 亨利·詹姆斯（1843—1916），英国著名小说家，他的代表作品有《一个妇人的肖像》和《黛西·密勒》等。

② 潘普洛纳，西班牙东北部的一个城市，每年7月初圣福明节期间举行斗牛赛。

③ 西班牙东部的海滨城市。

时间越来越近了，但是他依然没有来，我只好买了一张月台票，挨车厢找他。我始终没有见到他，这时，长长的火车就要启动驶离车站了，我便赶忙跳上火车，在车厢中穿行，希望他已经在车上了。车厢很多，但哪节上也没有他。我向列车员解释了一下，然后买了一张二等票——这趟车没有三等票——并且向列车员打听里昂最好的旅馆叫什么名字。这时也没有别的办法了，只能等到了第戎再给司各特发电报，把里昂那家旅馆的地址告诉他，说我会待在那里等着他的到来。即便他离家前接不到电报，但是我相信他的妻子一定会把电报转交给他的。那个时候我还从来没有听说过一个成年人竟然会错过一趟火车，然而，这趟旅行中的新鲜事还多着呢。

那时候我还是个火暴脾气，动不动就发火，等到火车穿过了蒙特罗城，我渐渐冷静下来，不再是那么怒气冲冲，而是专心眺望并欣赏田野间的景色了。等到中午，我在餐车中享受了一顿很不错的午餐，喝了一瓶圣埃米利翁红葡萄酒后，想起自己像个大傻瓜一样接受人家邀请出外旅行，原本该由别人出的花销，现在的情况却是在花掉我们为去西班牙而准备的钱，即便如此，对我也是一次有益的教训。接受外出做一次由别人付钱而不是分摊费用的旅行的邀请我还是第一次，而这一次我曾对他坚持旅馆和饮食的费用应该由我们两人分摊，可现在我都不知道菲茨杰拉德究竟会不会露面。我在恼怒那个时曾经将司各特在我心中的位置降级到菲茨杰拉德[①]。后来，我想到自己一开始就把怒火都发泄出来，很快便消了气，又感到高兴了。这次旅行可不是为容易生气的人而准备的。

等到里昂的时候我得到消息，司各特已经离开巴黎前来里昂，但他没有交代他准备住在哪里。我再次把我目前的地址说清楚，女佣说如果他打电话回来她会告诉他的。夫人身体不好，还在睡觉。我给这里所有有名气的旅馆都打了电话并且留言，但还

---

① 在美国习俗中，朋友之间亲切的称谓是叫对方的教名，而生疏者则呼其姓氏。

闹不清司各特在哪里，后来我出门到附近一家咖啡馆喝杯开胃酒并看看报纸。在咖啡馆里我碰到一个靠吞火表演谋生的人，他的表演手段真不简单，可以用他那副已经没有牙齿的牙床将一个钱币咬住，然后用拇指和食指用力把它扳弯。他的牙床都肿了，但他张嘴让别人看时还显得很坚实，他说干这一行还不错。我便邀请他一起喝杯酒，他显然很高兴。他的脸很快活，黑乎乎的，吞火时就闪闪发光。他说靠吞火、用手指还有牙床干卖弄力气的绝技在里昂都赚不到钱。因为假冒的吞火者将这行当的名声给败坏了，而且哪里允许他们表演，败坏者就会跟着败坏这一行。他说他整个晚上一直在表演吞火，但是现在身上依然没有足够的钱可以让他在这个晚上吃上一点别的东西。我又请他喝了一杯，让他将吞火时残留在口中的汽油味冲掉，并问他如果他知道哪里有一家便宜实惠的好餐馆的话，我们就可以一起吃晚饭。他说他认识一家很不错的饭馆。

那是一家阿尔及利亚餐馆，在那里我们一起吃了一顿非常便宜的晚餐，我对那里的吃食和阿尔及利亚葡萄酒真是由衷地喜欢。吞火者是个好人，吃饭的样子很有意思，就跟大多数人吃东西是用牙齿咀嚼那样，他依靠牙龈咀嚼。他问我靠什么为生，我就对他说目前以写作为主要谋生手段。他问我写什么，我说是短篇小说。他说他有很多故事，其中有一些比现在任何被人写出来的更加恐怖、更加令人难以置信。他说他可以将这些故事都讲给我听，让我写出来，如果赚了钱，到时候随我给他多少都行。他提议最好我能跟着他一起到北非去，他可以带着我去蓝色苏丹①的国度，到了那里我可以收集到很多从未听到过的故事。

我问他是怎样的故事，他说有关于战役的、处死的，关于酷刑的、强奸的，还有骇人听闻的风俗、令人难以置信的习俗和放浪淫荡的行为等，应有尽有。这时正好到了我回旅馆去再一次打听司各特下落的时间了，所以我结了账，说我们以后肯定还会见

① 苏丹，对伊斯兰教国家统治者的称呼。又译作素丹，以便与苏丹国进行区别。

面的。他说他要到马赛那边去表演，我就说我们或迟或早肯定能在什么地方再见面的，和他一起吃饭我很高兴。我丢下他，让他将那些弄弯的硬币重新扳过来，堆放到桌子上，我独自走回旅馆。

里昂的夜晚冷冷清清。这个城市很大，资金雄厚，但气氛很沉闷，要是你有钱的话，这样的城市可能会使你感到很不错并且喜欢。很多年来，我总是听人说起那里餐馆里鸡的味道非常好，但是我却要了羊肉，味道也相当好。

回到旅馆，司各特还是没有消息，我并不习惯这家旅馆豪华舒适的氛围，于是就在这样的氛围中上床歇息，将我从西尔维亚·比奇的图书馆借来的屠格涅夫的《猎人笔记》第一卷摊开阅读。想起上次置身于这样一家豪华的大旅馆已是三年前的事情了，我打开窗户，又在双肩和头颈下面塞了一个卷起的枕头。跟屠格涅夫一同在俄罗斯自由地遨游，我感到十分惬意，直到拿着书进入梦乡。早晨起来，我正在刮脸，准备出去吃早饭，这时服务台打来电话，说楼下有一位先生想要见我。

“请他上来。”我说。我一边继续刮脸，一边聆听着这座城市一大早就开始生气勃勃地喧闹起来的市声。

司各特没有上来，我在楼下的收银台前看到了他。

“闹出了这场乱子，实在太抱歉了。”他说，“如果我能早些知道你准备在哪家旅馆落脚的话，事情就好办多了。”

“没事。”我说，“你最终乘的是哪趟火车？”我们还要同行远路，我只求相安无事。

“紧跟在你乘的那趟车后面的那一趟。车上相当舒服，我们原本可以一块儿坐这趟车来的。”

“你早饭吃过了吗？”

“还没呢，我在全城找你。”

“真见鬼，”我说，“你没有从家里得到我在这里的消息吗？”

“没。姗尔达身体不舒服，或许我根本就不应该来，到目前来看这次旅行简直就像是一场灾难。”

“我们吃点早饭，找到车就上路吧。”我说。

“好的。咱们就在这儿吃好吗?”

“不如在咖啡馆快。”

“我们在这里肯定能吃上一顿好早餐的。”

“好吧。”

这是一顿美国式的早餐，又有火腿又有鸡蛋，相当不错，但是等我们点好菜，等着上菜，然后菜来了，吃好了，去付账的时候，差不多花了一小时。当服务员将账单送过来的时候，司各特又打定主意让旅馆为我们准备一份自带午餐带走。我想劝他不要这样，因为我敢肯定当我们赶到马空的时候，可以在那里买到一瓶马空葡萄酒，另外还可以找家熟食店去买一些肉食做三明治。即便，在我们路过的时候店铺已经关门，但是在我们行进的路途上肯定有许多餐馆，这样我们就可以停下车去就餐。但是他说我曾经对他说过里昂的鸡美味至极，我们一定得买一只带上。因此旅馆就为我们准备了一顿午餐，价钱不过比我们自己去外面买所花的钱高出四五倍罢了。

我见到司各特时，很明显他是喝过酒的，看样子还想再喝一杯，于是我问他在我们动身之前是否需要上酒吧间去喝一杯。他说他没有早晨喝酒的习惯，问我早晨喝不喝。我对他说那完全取决于我当时感觉怎么样，还有我手头是否有必须要做的事情。他说要是我感觉需要喝一杯的话，他很乐意奉陪，免得我独酌，所以我们就在酒吧间每人喝了一杯兑了毕雷矿泉水①的威士忌，等待野外午餐，我们俩都感到舒服很多。

虽然司各特表示愿意承担这次旅行的一切费用，但我还是自个儿将旅馆客房和酒吧的账结了。自从动身以来，我感情上总是感觉有些别扭，我最终发现我可以付钱的项目越多，心里就感到越发舒畅。我现在的所作所为正在将我们省吃俭用节省下来打算去西班牙的钱花完，不过我知道自己在西尔维亚·比奇那里的信

① 毕雷矿泉水，一种产自法国南部的可以冒泡的矿泉水，毕雷系商标名。

誉很好，因此不论我现在怎样花销，到时候都可以问她借了先用，等过后再偿还。

终于到了司各特寄存汽车的车库里，我不禁吃了一惊，那就是他的那辆雷诺小汽车，根本就没有顶篷。当汽车在马赛卸下来时顶篷就损坏了，或者在马赛多少有些损坏了，姗尔达便嘱咐他们将顶篷截掉了，并不打算弄个新的换上，他的妻子很讨厌汽车顶篷，司各特告诉我，然而就是因为没有顶篷，他们只开到里昂就被大雨阻住了。这车的其余部分倒还完整无损，司各特为洗车、加润滑油等方面以及加两公升汽油所需的费用讨价还价后付了钱。汽车库工人给我解释说这辆汽车显然是在没有足够的油和水的情况下行驶过，它的活塞环该换新的了。他指着让我看这部车子是如何发热并把发动机的涂漆烧掉的。他说如果我可以说服司各特先生到巴黎后换上一个新的活塞环的话，那么这部漂亮的小汽车就能把同设计要求所匹配的效能充分发挥出来。

“先生不让我给车子装上顶篷。”

“是这样啊！”

“人得对车负责啊！”

“确实该是这样。”

“你们二位有没有雨衣？”

“没，”我说，“我来之前根本不知道这部车没顶篷。”

“您去想办法劝劝先生，”他恳求说，“让他考虑考虑，至少要对车负责啊！”

“是啊！”我说。

我们被大雨阻在里昂以北大概一个小时路程的地方。

就在那天，由于下雨的缘故，我们在路上不得不停车十多次。是阵雨，有长有短。要是我们带有雨衣的话，我想在这春雨中行车肯定是很惬意的一件事。结果是，我们在路上不断地寻找树荫避雨，或有时将车停在路边然后钻进咖啡馆里。里昂那家旅馆为我们准备的冷餐简直棒极了，一只香喷喷的烤鸡，配着可口的面包跟马空白葡萄酒，让我们非常满意。每当我们停车躲避雨喝马空白葡萄酒时，司各特就表现得非常快活。等到达马空，我主动买了四瓶品质很好的葡萄酒，想喝就打开。

我不知道司各特以前有没有直接对着瓶子喝过酒，这让他显得很兴奋，好像在贫民窟猎奇，或者像是一个初次去游泳但没有穿泳装的姑娘那样。然而到了晌午的时候，他就开始为自己的健康担心起来了。他将最近两个人因肺部充血而死亡的事告诉我，这两个人都死于意大利，使他深为震惊。

我和他说以前把肺炎叫作肺部充血，他说我对此一窍不通，完全搞错了。肺部充血是一种只出现在欧洲的疾病，即便我把我父亲的那些医书全都读了，对此也不可能有一丁点了解，因为在那些书中记载的疾病只是在美国才有的。我说我父亲也是在欧洲上学的，然而司各特给我解释说，肺部充血这种病是最近几年才出现在欧洲的，我父亲绝不可能知道。他还说，美国各地区疾病不同，假如我的父亲不是在中西部而是在纽约行医的话，那么他就会了解到一整套截然不同的疾病，他的确用了“一整套”这个词。

我说关于某些疾病只是在美国的一部分地区流行而在其他的地区并未曾出现，他说得非常有道理，我还找出一个例子来进行说明，当时在新奥尔良麻风病发病率的数字较高，而在芝加哥地区则较低。我还说在医生之间存在一种相互交流学识和信息的制度，他既然说起了这个问题，现在倒让我想起曾经在《美国医学协会杂志》上看到过一篇权威论文，是关于论述欧洲肺部充血症的，把这种病的根源追溯到希波克拉底[①]的那个时候。这一下把他的嘴堵上了，我让他再来一杯马空葡萄酒，因为醇厚而酒精含量低的优质白葡萄酒可以当成治这种病的特效药。

这以后司各特的情绪略高了一些，然而不大一会儿又不行了，并问了我一个奇怪的问题，他说在我刚才给他讲的欧洲型真正的肺部充血症的征兆发烧跟神志昏迷突然出现之前，我们能不

① 希波克拉底（约前460—前377），古希腊著名医生，被誉为“医药之父”。

能赶到一个大城市。我把一篇这种病的专论翻译给他听，并告诉他那是我在纳伊利的那家美国医院等候做喉部烧灼手术时读到的。我提到的烧灼手术这个词对司各特的担忧起到了一种抚慰作用，但是他还是想知道我们什么时候可以赶到城里。我说，抓紧一些再有二十五分钟就到了，不需要一小时。

接着，司各特问我是否惧怕死亡，我说有时会非常害怕，有时候怕得厉害。

这时雨下大了，我们于是在下一个村子的咖啡馆里避雨。那天下午所有的详细情况我已记不清了，但是当我们终于在一家旅馆里住宿，那肯定是在索恩河上的夏龙，时间已经很晚了，所以药店都关门了。我们一进旅馆的房间，司各特立刻就脱掉衣服上了床。得肺部充血死掉他不在乎，他说，他只是担忧姗尔达和小司各蒂该由谁来照料。我真不知道我能不能照顾他们俩，因为现在我的妻子哈德莉跟我年幼的儿子邦比，已经使我累得筋疲力尽，但是我还是对他说我一定会尽力而为，司各特向我道了谢。让我必须留心不能让姗尔达喝酒，并且要给司各蒂找一位好的英国女家庭教师。

我们的衣服都送去让人烘了，现在身上都穿着睡衣，外面还在下雨，但是在舒适的房间里面，白晃晃的电灯亮着，让人感到很愉快。司各特在床上躺着养精蓄锐，为同疾病斗争而做着准备。我给他按脉，七十二下，也在他的额角摸了摸，凉凉的。我听了他的心脏，让他做深呼吸，他的心音听起来没有任何异常。

“听我说，司各特，你完全正常。”我说，“如果你想避免感冒，那么最好的方法就是在床上好好待着，我会给咱们俩每人叫一杯柠檬水和一杯威士忌，到时候你用饮料服下一片阿司匹林，吃了就会好的，连头痛都不会有。”

“这些方法可都是老婆子们惯用的啊！”司各特说。

“你根本没有热度，真见鬼，要是没有热度怎么可能会患有肺部充血呢？”

“别骂人，你怎么知道我没有热度？”司各特问。

“我试了下你的脉搏很正常，并且摸上去也没一点发烧的迹象。”

“只是摸上去呀，”司各特抱怨说，“你如果是一个真正的朋友的话，请给我弄支体温计来。”

“我还穿着睡衣呢！”

“叫人去买。”

我打铃想叫茶房过来，没有人来，我再次打铃，干脆下楼去找。司各特此时闭目躺着，缓缓地、小心翼翼地呼吸着，脸色蜡黄，相貌清秀，看上去俨然是个已死去的十字军的小骑士。我这时开始对文学生涯滋生出一种厌倦的情绪来，如果说我目前正处在文学生涯的生活当中的话，而且我心里早已不再记挂着写作了，眼睁睁看着一天流逝而去，每浪费生命中的一天，我总会感到身陷在死一般的寂寞中。司各特，他正上演着一出愚蠢的喜剧，面对他我感到非常厌倦，但我还是去找了侍者，并给他钱让他去买一支体温计和一瓶阿司匹林，同时还要了两杯生榨柠檬汁和两杯双份威士忌。我想要一瓶威士忌，可这里只论杯卖。

当我回到房间，看见司各特依然那样躺着，就像是躺在一块墓石上面一样，像是给自己立的纪念碑上面的一座雕像，双目紧闭，整个人带着一种可以树为典范的尊严缓缓地呼吸着。

听见我进屋，他开口问道：“你把温度计搞来没有？”

我走到他身边将一只手伸出放到他的额角上，还不到墓石那么凉，但一点都不热，也不湿润。

“还没。”我说。

“我还想着你带来了。”

“我刚刚叫人去买了。”

“那是两码事。”

“说得对，嗯？”

不能对司各特生气，就像不能对疯子生气一样。想想自己给卷进了这桩大蠢事，自讨苦吃，于是我开始对自己生起气来。不过他也是有点根据的，这一点我心里很明白。那时候的酒鬼大多死于肺炎，尽管这种病现在基本上已经绝迹了。只是很难把他看成酒鬼，因为只有那么少量的酒精就使他受到影响。

那个时候欧洲的人们，普遍将葡萄酒当作对健康有益的正常饮料，就像食物一样也是能赐予人愉快、舒畅以及喜悦的一种伟大的存在。喝酒不是势利，不是深于世故，也不是迷信，它就像吃饭一样自然，而且在我眼中，它跟吃饭一样必不可少，因此我不敢想象没有葡萄酒或者连一杯苹果汁或啤酒都没有的一顿饭会是怎样的景象。各种各样的葡萄酒我都喜欢喝，除了甜的或者带一点甜味的还有太烈性的葡萄酒，我从没想到在一起喝了几瓶相当淡的马空干白葡萄酒之后，在司各特身上竟会出现化学反应，使他变得如此愚笨。那天早上我们喝的是加了毕雷矿泉水的威士忌，但那时我根本不知道酒精会带来怎样的影响，想象不到一杯微不足道的威士忌，竟然可以对那个在雨中驾驶一辆敞篷汽车的人带来伤害。那点酒精应该早就氧化了。

我要了一些东西，然后静静地等待着茶房给我送来，在这空当里，我坐着一边看报纸，一边将一瓶马空葡萄酒喝光了，那是我们在最后一次停车时开了瓶的。在法国，总会有一些绝妙的犯罪行为出现在报纸上，读起来像连载小说一样，由于不像美国的连载故事那样附有前情梗概，你只有将那些开头的章节读过才行，总之，反正是没有一篇连载故事可以跟美国期刊上的一较高下，除非你已经将那最最重要的第一章读过了。假如你只是路过法国，读起报来就觉得失望，因为你从上面看不到各种类型的犯罪案件、桃色新闻或者丑闻的连续报道，你也无法得到原本在一家咖啡馆里读这些新闻所能获得的诸多乐趣。相校而言今晚我更愿意待在一家咖啡馆里，读读巴黎的晨报，观察周围的人，在晚餐开始之前喝一杯比马空葡萄酒稍微味浓的酒。但我正在照料司各特，因此只好满足于在这里的乐趣了。

一直等到那个茶房为我们送来了两杯加冰块的生榨柠檬汁、两杯威士忌和一瓶毕雷矿泉水，他对我说药店已经关门了，买不到温度计，只借来几片阿司匹林。我让他再去想想办法，尽量搞支温度计。司各特这时睁开眼来，朝着茶房投去爱尔兰人所特有的恶毒的一瞥。

“你有告诉他情况有多严重吗？”

“我想他懂得。”

“请你尽可能将话讲清楚。”

我照办了，他说：“我尽量拿来。”

“你叫他去办事的时候有没有给他足够的小费？他们只有得了小费才会用心办事。”

“这我可不知道，”我说，“我原本以为他们会从旅馆那儿得到额外的报酬。”

“我的意思是说，他们只有得到了丰厚的小费才愿意为你办事，他们现在大多数都已经堕落到底了。”

这个时候，我想起朋友埃文·希普曼，想起在丁香园咖啡馆上班的那名服务员，当那新来的股东在丁香园改建美国式酒吧的时候，他遭到逼迫不得不剃去了胡须，还想起在我同司各特结交之前，埃文怎样去和那服务生在蒙鲁日的花园里搞园艺，我想到我们都是朋友，在丁香园的友情也很久了，还想起在那里我们采取的一切行动以及这一切对我们大家而言所包含的意义。有关丁香园的整个问题，我想把它全部都告诉司各特，尽管我以前有可能在他面前提到过，但是我知道他对这些服务生根本就不关心，也不在乎他们有多善良、有多友爱。那时司各特很讨厌法国人，而由于他平常接触的法国人基本上都是些他并不了解的服务员、车库雇工、出租车司机和房东等，他想要辱骂的机会多的是。

他对意大利人的恨意甚至比对法国人更加严重，即便没喝醉，也没法心平气和地谈到他们。他也常常恨英国人，不过有时尚能容忍，偶尔甚至还会尊敬他们。我不知道他对德国人和奥地利人到底持着一种怎样的态度，我也不清楚他在那个时候是否与任何德国人、奥地利人或者任何瑞士人有过接触。

这天晚上在旅馆，看他显得非常平静，这让我非常高兴。我将柠檬汁跟威士忌混合起来，同时又拿了两片阿司匹林一起送到他手中，他没有任何抵触的举动便将阿司匹林吞了下去，态度平静得让人心生一丝敬佩，然后小口小口地喝威士忌。这时他睁开眼睛，向着远处望去。我正拿着报纸读着中间几页的有关犯罪的报道，心里十分高兴，好像有点过于高兴了。

“你真是一个冷酷的人，对不对？”司各特问道，我向他看了一眼，顿时明白我的处方错了，如果错不在我的诊断的话，还明白他刚才喝下的威士忌在跟我作对了。

“你这话是什么意思，司各特？”

“你竟然能坐在那里平静地读着那份肮脏的法国破报纸，而我现在快要死了，你却无动于衷。”

“你是想让我去请个医生吗？”

“不用。我可不要肮脏的法国外省医生。”

“那么你到底想要些什么呢？”

“我需要体温计，然后将我的衣服烤干了，我们可以坐上一班快车赶回巴黎，然后住进巴黎近郊纳伊利的那家美国医院。”

“我们的衣服到早晨才会干，再说现在这个时候了哪还有什么快车啊！”我说，“你干吗不好好休息，在床上吃点晚饭呢？”

“我想要量下体温。”

这样闹了好长时间，茶房终于将体温计拿来了。

“难道你仅能弄来这样一支吗？”我问道。茶房进来的时候，司各特紧闭着眼睛，那显现出的神情看着至少像茶花女那样濒临死亡的样子。我从未见过一个人脸上的血色可以消失得这么快，真不知道他的血都跑到哪里去了。

“旅馆就这么一支。”茶房说着将体温计递给我。这是一支盆浴温度计，被安装在一块木板上，并带着一个完全可以使温度计沉入浴水中的金属底座。我快速喝了口加了酸汁的威士忌，打开窗子，看了看窗外的雨。我转过身，发现司各特正在紧紧地盯着我看。

我熟练地甩了下温度计，说：“幸好这不是肛门温度计。”

“这种温度计该搁在哪儿？”

“夹在你的腋下。”我说着把它夹到自己的腋下为他做着示范。

“别把温度弄混了。”司各特说。我把它朝下又猛甩了一下，便把他睡衣的纽扣解开，将这支表插到他的腋窝里，同时伸手在他的冷额角上摸摸，按了他的脉。脉搏七十二跳。温度计放了四分钟。

“我原本以为它们只放一分钟就够了。”司各特说。

“这是一支大号的温度计，你得乘上这温度计大小的平方。”我给他解释说，“这是一支摄氏温度计。”

最后我把温度计取出来，拿着它到台灯下看。

“有多少度了？”

“三十七度六。”

“那正常的体温是在什么范围？”

“你现在就是正常的嘛。”

“你确定吗？”

“当然确定。”

“你自己试一下，我得有把握啊！”

我把温度计甩了下去，接着把自己的睡衣解开，然后把温度计放到腋下夹住，看着时间，再接着看看温度计。

“多少？”

“完全一样。”我细心地察看着。

“你感觉还好吗？”

“好极了。”我回答说。我在回想三十七度六是否真的正常，这没什么关系，但这温度计似乎一直稳稳地保持在三十度以上。

司各特依旧有些怀疑，于是我问他还需不需要我再给他量一次。

“不用了。”他说，“我们可以放心了，没想到事情这么快就得到了解决。我的恢复力一向是极强的。”

“你身体虽然好了，可我认为你最好还是不要起床，”我说，

"在床上躺着，稍稍吃点晚饭，等到明天一大早，我们就可以动身了。"我原来打算买两件雨衣的，不过要是这样，我就不得不向他借钱。这时候我可不想因为这件事同他发生争论。

司各特不愿意待在床上，他要起来穿好衣服，然后去楼下给姗尔达打电话，告诉她他一切平安。

"她怎么会认为你身体状况不是很好呢?"

"自打我们结婚到现在，这还是我没有和她睡在一起的第一个夜晚，所以我一定要和她说说。这对我们俩来说究竟意味着什么，这一点你能明白的，是吗?"

我看得出来，但是让我不明白的是他与姗尔达在刚过去的那一个夜晚如何睡在一起，不过没有必要为这进行争论的。这个时候司各特将加了酸汁的威士忌一口气喝了一杯，让我再去叫上一杯。我寻到了那个茶房，把温度计还给他，向他问询我们的衣服是否烤干了。他说大概再有一个小时差不多就干了。

"让服务人员把衣服给咱们熨烫一下，不用干透。"司格特说。

茶房端着两杯添加了酸汁的威士忌送了进来，喝这可以预防感冒，我喝了几小口，并劝司各特能喝得慢一些。我害怕他可能会感冒，当时我就很清楚，万一他真的患上了可恶的感冒，那么就必须得住院了。然而喝了药水，他又精神了，对这次自姗尔达跟他结婚以来第一次晚上分居两处的灾难性的含意也不觉得像前一会儿那样不快了。最后他实在忍受不住不给她打电话了，便穿上晨衣，往楼下走去，下楼去拨通电话。

打电话自然是得花一些时间的，在他上楼后时间不长，茶房又送来了两杯添加了酸汁的双份威士忌。这是截至那时我见到过的司各特喝得最多的一次，然而这几杯酒只是让他生气勃勃，喜欢说话，并没有其他什么不良效果，于是他开始向我讲述他跟姗尔达一起生活的大概经过。他告诉我如何在大战的时候初次见到她，并且说到关于他们结婚的事情，接着如何失而复得，接着说到了大约一年前一段发生在圣拉斐尔[①]的悲惨的事情。他亲口对我说这事的第一种说法是姗尔达和一个法国海军飞行员相爱了，这的确是一个哀伤的故事，我相信是真实的。后来他又给我讲了这件事的其他几种说法，仿佛要考虑将这些说法逐个写进小说中去，但是没有比第一种说法那样更使人感到痛苦的，因此我自始至终对第一种说法抱着肯定的态度，虽然其中任何一种都可能是真实的。这事讲起来一次比一次动人，但是都绝对不像第一种说法那样使你感到伤痛。

司各特口齿伶俐，故事讲得很生动。他用不着把词拼写出来，也没必要加标点符号，而你也不存在那种像是在读一个从未受过教育的人的没有经过修改就寄给你的书信的感觉。我与他相识两年之久，他才可以将我的姓名拼写出来。但是如果要拼写的是一个很长的姓名，那么，对他而言，拼写的难度可能会变得更大，因此我觉得他最后拼对就很不容易了。

他学会了拼写一些更重要的词语，并尽可能将更多的词语都琢磨出个道理来。

但是今天晚上他想让我了解并欣赏他们在圣拉斐尔发生的到底是什么样的事情，我对这件事已经了如指掌，甚至可以看见那架单座水上飞机低低地掠过那个专供跳水用的木筏进行骚扰，我能看见海水的碧色与那水上飞机的两只浮筒的形状还有它投下的影子，看到姗尔达和司各特各自晒得黑黑的皮肤，他们俩深浅不同的金发，以及那个爱上了姗尔达的小伙子的晒得黑黑的脸。我脑海中有个疑问，但是无法说出口。如果这一切都是真的，件件属实，那么司各特又为什么会每夜都和姗尔达同睡一张床呢？但是或许这正是使得这件事比那时任何人告诉过我的故事都更悲哀的原因了。当然也可能是他记错了，就像想不起昨天晚上发生了些什么一样。

电话还没接通，我们的衣服就被送了过来。我们穿戴整齐，

---

① 圣拉斐尔，位于戛纳西南，濒临地中海的一个小城镇。

去楼下吃晚餐。司各特走路时看起来脚步有些飘，他带着一点挑衅的目光用眼角斜视着人们。我们点了味道非常鲜美的蜗牛，还要了一瓶长颈大肚的弗勒利干红葡萄酒，等我们把蜗牛吃了快有一半的时候，司各特接电话去了。他去了差不多有一个钟头，后来我把他剩下的那些蜗牛也吃了，用碎面包把黄油、蒜泥和欧芹酱全蘸来吃了，那长颈大肚瓶的酒也被我解决掉了。在他回来之后，我说我会再给他叫一些蜗牛来，他却说不想吃了，他想简单吃点，他不想要煎蛋饼，不想要熏猪肉或牛肝，也不想要牛排，吃烤鸡还可以。中午的时候我们已经吃过了香喷喷的冷鸡，但这里依然是用美味的鸡待客的地区，因此我们点了布雷斯①式烤小母鸡以及一瓶蒙塔尼酒，那是一种出产于这一地区的清淡可口的白葡萄酒。司各特吃得非常少，小口地喝葡萄酒。他双手捧着头在桌边昏了过去，他晕得很自然，一点都没有演戏的味道，甚至看起来他似乎非常小心，没有把什么东西泼翻或者打碎。服务员和我一起把他扶到他的房间，放在床上，我把他的衣服脱下来，只留下内衣，把衣服都一一挂好，然后揭下床罩给他盖在身上。我打开窗，发觉外面天已放晴，就没有关窗。

我重新回到楼下，把晚餐吃完，还在想司各特。依照目前的状况来看很显然他不应该再喝酒了，是我没有把他照顾好。不管他喝什么，都好像对他刺激太大，然后就会酒精中毒，因此我计划在第二天的时候一定把酒类都控制在最低限度。我会和他说我们马上就要动身返回巴黎了，我必须戒酒，否则就无法写作了，这不是真话。我平日里的节制办法是饭后从来不喝酒，准备写作前不喝，写作的时候也会不喝。我跑回楼上将我房间的窗户全部敞开，接着脱掉衣服，跳上床很快便呼呼入睡了。

第二天，我们穿过科多尔省②赶往巴黎，天气极好，空气格外清新，山峦、田野以及葡萄园也都换上了新装。司各特兴高采

---

① 布雷斯，法国东部一古地区名，地处里昂东面，以家禽菜肴出名。

② 科多尔省，位于巴黎的东南，属勃艮第地区，盛产葡萄酒，首府为第戎。

烈，身体也全好了，他兴奋地给我讲着迈克尔·阿伦[1]每部作品的情节，他说迈克尔·阿伦是个值得注意的人物，是你我都可以从他身上学到很多东西的作家。我说他的书我没法读。他说我没必要必须去读，他会把书里的情节讲给我并且将其中的人物描述给我听。他那一通关于迈克尔·阿伦的讲话，就像是在宣读一篇博士论文一般。

我问他在他和姗尔达打电话的时候，电话是不是畅通，他说还不错，他们说了许多事情。到了就餐的时候，我尽最大可能地选出一瓶最清淡的葡萄酒，并且跟他说要是他能别叫我给他再添酒，那无疑是给我帮了一个大忙，因为在写作之前我必须节制自己，无论在什么情况下喝酒绝对不能超过半瓶。他配合得极好，当他看到我不安地瞅着那唯一的一瓶快要喝光的酒时，就将他自己的那份给我匀了一点。

我把他送回家，然后才乘出租车回到我在锯木厂的家里，看到我的妻子，我真是高兴极了。我们于是一起前往丁香园咖啡馆喝酒。我们就像是两个分开又相聚在一起的孩子那般快乐，我将这次旅行的情况说与她听。

“你一点都不觉得好玩，也没学到任何东西，塔迪？”她问道。

“如果我当时好好听的话，我可以了解到一些关于迈克尔·阿伦的情况，我另外还了解到一些情况，不过目前还没整理出来呢。”

“难道说司各特一点都不快乐吗？”

“或许吧。”

“真是个可怜的人。”

“我学到了一条真理。”

“什么真理？”

---

① 迈克尔·阿伦（1895—1956），英国小说家，其作品以引人入胜的情节著称，代表作有《绿帽》（1924）。

“千万不要跟你并不喜欢的人一起出外旅行。”

“这不是好事吗?”

“是啊。那咱们去西班牙吧。”

“好啊，离动身不到六个星期了，今年咱们可一定不能让谁把它给破坏了，对吧?”

“绝对不能。我们先去潘普洛纳，接着转去马德里，然后再去巴伦西亚。”

“嗯……嗯……嗯……嗯。”她轻柔地回应着，就像一只猫似的。

“多么可怜的司各特。”我说。

“可怜的人们，”哈德莉说，“轻浮的阔佬，手里又没有现钱。”

“咱们非常幸运。”

“咱们必须好好地将这份幸运保持下去。”

我们俩同时在咖啡馆桌子的木边轻轻地敲了敲，服务员跑过来问我们想要点什么。但是我们真正所需的，并不是他也不是任何其他的人或者在桌子的木边或大理石桌面上（这家咖啡馆的桌面正是大理石的）敲敲就能带给我们的。只是那天晚上我们并不知晓这一点，只是感到非常愉快。

在这次旅行归来后过了一两天，司各特把他的书拿来了。小说的外面套有一个很花哨的护封，我记得那咄咄逼人、俗不可耐和光溜溜的外观曾让我感到非常别扭。它看起来跟一本蹩脚的科幻小说的护封差不多。司各特叫我不要被封面吓住，因为它与长岛一条公路边的一块广告牌有关，而这在小说的故事中非常重要。他说他以前十分喜欢这个护封，但是现在不怎么喜欢了。我拿掉封面才读下去。

读完这本书之后，我才明白不管司各特干什么，也不管他的行为举止表现如何，我应该很清醒地认识到那就如同生一场病，我必须尽可能地去帮助他，做他的好朋友。他有很多很亲密很亲密的朋友，我认识的人里没有人会比他多。不管我能否帮上他的忙，我乐意加入其中，成为他的又一个朋友。既然他能写出一部像《了不起的盖茨比》这样卓著的书，我笃信他一定可以再写出一部甚至比之更加优秀的书来。这时我还没见过姗尔达，所以那些对他不利的可怕条件还无从知道，不过我们不久就明白这一点了。

兀鹰不愿分食

司各特·菲茨杰拉德邀请我们去他家做客，跟他的妻子姗尔达和小女儿一起进午餐，那是他在蒂尔西特路 14 号租的那套带有家具的公寓。寓所的陈设我记不清了，只记得里面很阴暗，空气不流通，除了司各特那几部用浅蓝色封面装订、书名烫金的早期作品以外，房间里似乎再没有什么东西是属于他们的。司各特将一大本分类账簿给我们看，他发表的短篇小说以及由此所得的稿费全部都列出来了，还列出了一些其他的东西，比方说所有出售版权拍成电影的所得，以及他那些单行本的销售所得和版税数额，清清楚楚，整整齐齐，就像是轮船上的航海日志一样，而司各特带着一种并不是出自个人感情的自豪将这些展示到我们两人眼前，如同一所博物馆的馆长。他神情有些不安，但招待得很周到，把他收入的账目当作风景似的给我们看，然而在那里并不能望见风景。

姗尔达宿醉未消，十分难受。头天夜里他们去蒙马特尔参加晚会，并且吵过架，因为司各特不愿意喝酒。他和我说，他下决心要好好写作，不再喝酒了，但是姗尔达却当他是一个大煞风景或扫人家兴的人。姗尔达就是这么说他的，他一反驳，姗尔达就会说："我没说过，我从不曾这样说过，你瞎说，司各特。"过后她好像想起了什么，又得意地笑了。

这一天姗尔达神色不好。当时，她那头美丽的偏深色的金发被她在里昂做的糟糕的电烫破坏了，那时由于大雨的缘故，迫使他们不得不将汽车留在那里，而她的眼睛此刻看起来显得有些疲惫，脸蛋紧紧地绷着，拉得长长的。

她客客气气地招待哈德莉和我，但好像心不在焉，她的大部分身心似乎还驻留在她直到那天早上才离开的那个晚会上。她和司各特好像都认为司各特跟我从里昂返回巴黎的这次旅行充满了欢乐，羡慕至极。

“你们两个可以跑去外面一起过那样快活至极的生活，那我就该在巴黎这儿跟我们几个要好的朋友找一点乐子才算公平。”她对司各特说。

司各特是个非常完美的主人，但我们吃的午饭却糟糕透顶，等到喝葡萄酒的时候总算让人提起来一点兴致，但作用毕竟有限。他的小女儿长得金发碧眼，胖乎乎的小脸，结结实实的，看上去非常健康，说的英语中带着浓浓的伦敦土腔。司各特解释说，她的保姆是一个英国人，因为他希望她将来可以像黛安娜·曼纳斯夫人[①]那样说话。

姗尔达长着一双鹰一样的眼睛，薄薄的嘴唇，行为举止跟口音带有南方区域的色彩。从她的表情上可以看出，她的心思早已离开了餐桌飞到了那夜的晚会上去，接着又会像一只猫一样眼神中带着茫然从宴会上转回来，接着又变得高兴起来，那欢快的神情会顺着她嘴唇的细细的纹路浮现出来，然后消失不见。司各特热情愉快地招待客人，姗尔达看到他也喝了酒，她的眼睛跟她的嘴巴便会微笑起来，我深深地明白了这种微笑。这就标志着她明白司各特写不成东西了。

姗尔达对司各特的作品充满妒忌，随着我们与他们逐渐熟识，这种嫉妒就成了常见的事。司各特能够下决心不去参加那种通宵达旦的宴会，准备每天锻炼锻炼，然后开始有规律地写作。他会按照计划动笔写作，可是只要他进展得很顺利，姗尔达就会开始无休无止地抱怨，说她烦闷得不得了，非得拉着他去参加一个闹酒的聚会。他们会吵架，然后再和好，而他会跟着我一同做一次长途散步，使酒精借着一身汗发散出来，并且下定决心说这次他一定要实实在在地干上一场了，而且要下笔就成功。结果是

① 黛安娜·曼纳斯夫人，生于1892年，美国知名女演员，是拉特兰公爵七世的孙女，英国政治家和外交官阿尔弗雷德·特夫·古柏的夫人，曾经在奥地利导演马克斯·赖恩哈特（1873—1943）在美国上演的《奇迹》中扮演圣母的角色。

一次次重演这一套。

司各特对姗尔达非常爱恋，醋劲儿也很大。好多次在我俩散步的时候，他告诉我她是如何爱上那个法国海军飞行员的。虽然她从此以后再也不曾爱上别的男人，这仍使他感到非常妒忌。今年春天的时候，她结识了一帮别的女人，这同样使他感到妒忌，在蒙马特尔参加的那些酒会上，他自己不敢晕过去，也怕她晕过去。他们在喝酒的时候，向来把喝得不省人事当成是最好的防卫手段，希望通过这样可以保护自己。他们在喝了一点烈酒或者香槟之后便会沉沉睡去，其实这对于一个养成喝酒习惯的人来说是产生不了什么影响的，然后就像孩子似的早早入睡了。他们失去知觉的样子我也曾见到过，好像并不是真的喝醉了，而是像灌了一些麻醉剂似的，于是在他们的朋友们，或者有时是一个出租汽车司机的帮助下，会把他们搀扶到床上去，等他们一醒，又精神饱满、兴高采烈了，因为在失去知觉之前他们并不曾喝多少会给身体带来损害的烈酒。

如今这种天然的防卫手段对他们来说已不复存在了。现在姗尔达的酒量比司各特大，因此司各特总是担心她会在他们这年春天结识的朋友们面前和他们所去的地方昏倒。司各特不喜欢那些酒会，也不喜欢那帮人，可他不得不喝下超出自己承受范围的更多的酒，还要多少控制自己，忍受着那些人与那些地方，接着又不得不继续喝下去，在往常会在倒下之前保持头脑清醒，因此到最后他根本没有多少时间可以用来写作了。

他还是想写作，每天都握笔，但总是写不成。他将失败的原因归咎于巴黎，而这里其实是最适合任何一个作家在这里进行创作的地方，然而他总是幻想着会有这样一个地方，在那里他可以和姗尔达重新在一起快乐地生活。他想到了里维埃拉①，当时那里还没有开始兴建，有着无边无际的蓝色海洋、轻柔的连绵不绝

---

① 里维埃拉，指法国东南部与意大利西北部沿地中海的那一带海岸，这里气候适宜、风景优美，是旅游胜地。

的沙滩和一片片的松林。那里埃斯特雷尔地区的山脉渐渐伸入海里，在他的记忆中里维埃拉正是这个样子，当时他和姗尔达初次发现它的时候，还没有人会在夏天时到那里去避暑呢！

司各特跟我谈起里维埃拉，说我和我的妻子在明年的夏天应该到那里去看看，说我们应该如何到那里，到时候他可以为我们寻个价钱便宜的住处，这样我们俩就可以每天努力写作，然后一起游泳，闲暇时躺在沙滩上，将全身皮肤晒得黑黝黝的，在午餐之前只喝一杯开胃酒，晚餐之前也只喝一杯。他说，姗尔达在那里将会感到快乐。她非常喜欢游泳，跳水姿势也很优美，她会满意这种生活，这样就可以让他安心地进行写作，一切就都井井有条。他和姗尔达还有他们的小女儿在那年夏天就打算到那儿去。

我极力劝他充分发挥自己的能力把他的那些短篇小说写好，别想着搞什么花样去迎合任何一种俗套，因为他曾经向我说起过他这样干过。

“你已经写出了一部非常出色的小说，”我对他说，“所以你就不应该想着去写一些糟粕。”

“那部小说卖不出去，”他说，“我必须得写一些短篇小说，而且一定得是可以畅销的短篇小说。”

“尽最大努力写好，写真实。”

“我会这么做的。”他说。

但是依照事情发展的趋向来说，他只要能写出点东西来就算幸运至极了。姗尔达说，她并没有对那些追求她的人表示鼓励，她跟那些人毫无瓜葛。但她觉得这样很好玩，司各特醋劲儿大发，只好跟着她到处跑。这就写不成了，而他的写作恰是她最妒忌的。

整个暮春与初夏司各特为他的写作而努力作斗争，但是结果是他仅能断断续续地写出来一点。我每次看到他，他的心情总是非常愉快，有时好像是强颜欢笑，他很会开玩笑，是个好游伴。在他日子非常艰难的时候，我听他说到那些事情，尽力使他能够明白，就像他是因写作而生的，只要他自己能长久地坚持下去，就一定能写出好作品来，除了死亡，一切都可以改变。这时他就拿自己开起玩笑来，而只要他能这样做，我相信他肯定能够安然无恙的。经过这一切殷切期待与不懈努力，他终于写出了一篇非常出色的短篇小说——《阔少爷》，我笃信他完全可以写得比这更好，事情果然如此。

那年夏天我们在西班牙的时候，我着手写一部长篇小说的初稿，9 月返回巴黎后截稿。司各特和姗尔达一直待在昂蒂布角[①]，秋天我在巴黎见到他，发现他变了很多。在里维埃拉他没能做到让自己变得清醒起来，而现在整天都喝得醉醺醺的。他再也不管别人是否在工作，而且不论是在白天或者夜晚，不论在什么时候，只要他醉酒了，便会摸索到乡村圣母院路 113 号[②]去。他开始以粗暴无礼的态度对待地位比他低的人或者任何他认为比他低的人。

有一次，他家的那个英国保姆休假了，司各特在照料他的小女儿。他带着孩子从锯木厂的院门口走进来，刚走到楼梯口，小姑娘说她要上洗手间去，司各特就给她脱裤子。那房东就住在我们下面一层楼，这时走了进来说道："先生，您往前面楼梯的左边走，那里就是一个盥洗室。"

"听着，你要是不检点，我连你的脑袋也往里塞。"司各特对他吼道。

那年秋天一直很别扭，但是当他清醒的时候，他开始动笔写一部长篇小说。我难得见到他神志清醒的时候，而他清醒时，总是谈笑风生，还爱打趣，有时拿他自己开心。然而一旦他喝得醉醺醺的，就会经常跑到我的住所，简直跟姗尔达以干扰他的工作为乐一样，从干扰我的工作中寻求乐趣。这种情况一直持续了好些年，但是同样有好多年，我没有交到比清醒时候的司各特更忠诚可靠的朋友。

---

① 昂蒂布角，位于法国东南部地中海海岸大城市戛纳之东，在昂蒂布城南那个小半岛的南端。

② 这儿正是埃兹拉·庞德的工作室所在的地方。

1925年秋季，他很恼火，因为我不愿意将《太阳照常升起》初稿的手稿给他看。我向他做出解释，在我还没有将它通读一遍并做好修改以前，这初稿什么也算不上，况且那时我也不愿意和任何人针对这部初稿进行讨论，也不愿意让人先看。只想等到奥地利福拉尔格州的施伦斯一下雪，我们就动身上那儿去。

我的原稿的前半部就是在那儿修改的，大概是在1月改完的，我清楚地记得。我将稿子带到纽约，让斯克里布纳出版公司的麦克斯威尔·潘金斯过目，然后返回施伦斯完成对全书的修改。直到4月底我将全部经过修改和删减的原稿送往斯克里布纳出版公司后，司各特才看到这部小说。我记得曾因为这跟司各特开过玩笑，他担心得很，急于要事后帮忙。然而我在修改期间是不需要他的帮助的。

当时我们住在福拉尔贝格州，我正忙于改完全稿，姗尔达病了，因为喝了过多的香槟而引起常见的肠道不适，当时被诊断为结肠炎。于是司各特带着他的妻子和小女儿离开巴黎去了比利牛斯山的一个矿泉疗养地。司各特没有喝酒，开始动笔写作了，他让我们在6月的时候前往朱安莱潘①。他们会帮我们找一所租金便宜的别墅，这一次他决不喝酒，而会跟以前的那些好日子一样，我们能够一起游泳，使身体保持健康，晒黑皮肤，在午餐前喝上一杯开胃酒，晚餐前也喝上一杯。姗尔达身体康复了，他俩都很好，他的那部小说进行得极为顺利。《了不起的盖茨比》被改编成话剧上演了，演出很成功，使他有了收入，并且还将其卖给电影制片厂，所以他根本不愁生活。姗尔达的确好了，一切都有条不紊。

在5月的时候，我只身一人南下去了马德里，在那里进行写作，后来从巴荣纳②乘着三等车赶往朱安莱潘，当时饿得整个人发慌，我稀里糊涂地把钱花光了，想起最后一顿还是在法兰西跟

---

① 朱安莱潘，位于昂蒂布角的小半岛上。

② 巴荣纳，一个法国西南端的、邻近西班牙的濒临巴斯开湾的城市。

西班牙边境线上的昂代[①]吃的。那是一幢很漂亮的别墅，司各特则在相距不远的地方租了一所非常不错的房子，我看到别墅被我的妻子收拾得非常整洁漂亮，心里高兴极了。此外我们的那些朋友、午餐前的那杯开胃酒都让人感觉好极了，我们又喝了几杯。为了欢迎我们，他们那天晚上在娱乐场举办了一次小型宴会，有麦克利什[②]夫妇、墨菲[③]夫妇、菲茨杰拉德夫妇，还有住在别墅的我们。宴会上没有人去喝比香槟更烈的酒，气氛很融洽，这里显然是个非常适宜写作的好地方。写作所需要的一切这里都具备，缺的只是清静。

姗尔达非常漂亮，皮肤晒成了一种很优美的金黄色，她的发色是一种非常美的深金色，她十分热情，原来那双鹰一样的眼睛清澈而宁静。我知道一切都很顺利，最后也会兴尽而散，然而她向我俯过身来，将她最大的秘密告诉了我："欧内斯特，你难道不认为埃尔·乔生[④]比基督还伟大吗？"

当时谁也没当一回事。这只是姗尔达同我分享的一个秘密罢了，就跟一头鹰会与人分享一些什么东西一样。但鹰是不会跟人共享的。在司各特发觉姗尔达精神错乱之前，再也没有写出过好作品。

---

① 昂代，在巴荣纳西南。

② 麦克利什（1892—1982），美国诗人，1923年至1928年，在巴黎和侨居巴黎的美国作家们来往密切。早期诗风跟艾略特和庞德比较接近。后来曾担任美国国会图书馆馆长及助理国务卿。

③ 杰拉尔德·墨菲（1888—1964），在20世纪20年代中，他和妻子萨拉在巴黎过着非常豪华的生活，1925年10月经菲茨杰拉德介绍结识海明威。第二年一起去施伦斯滑雪，去潘普洛纳看斗牛。他们在昂蒂布角有别墅，和海明威夫妇关系密切。

④ 埃尔·乔生（1886—1950），俄裔美国歌星，曾经在百老汇主演许多部音乐剧，经常扮作黑人上台演出，她热情奔放地演唱感人的温馨歌曲，受到极为热烈的欢迎。1927年主演第一部有声片《爵士歌王》，红极一时。此处海明威暗指姗尔达这样问显得有些不大正常。后来，她真的精神错乱了。

尺度问题

自此很久以后，在姗尔达出现精神崩溃之后的那段时间里，当时称之为“第一次精神崩溃”，我们恰好同时都在巴黎，司各特就约我和他共进午餐，就在雅各布路和教皇路拐角的米肖餐厅里。他说有一些十分重要的事情需要向我请教，这件事是他的头等大事，所以我一定要非常真实地回答他。我说我一定尽力去做。每当他叫我绝对真实地告诉他什么事的时候，这事总是非常麻烦的，我便试图能给他解释得清楚，然而我所说的话通常都会惹他生气，不过不是在当时，而是在事情过了以后，有时过了很长时间，在他苦思冥想之后。我所说的话就会演变成一种必须予以摧毁的东西，可能的话连我也得搭上。

他已经在午饭的时候喝过葡萄酒，但这并没有给他带来影响，况且他也没有先喝了酒再吃饭的打算。我们一起谈论各自的创作，说起一些人，他还向我询问那些我们近来不曾见到的人的境况。我知道他正在写一篇很不错的东西，并且还知道因为各种原因他遇到了非常大的困难，但他要谈的不是这个。我一直在等着他开口，把他那个我必须绝对真实回答的问题提出来，但是他不愿意在这顿午餐还没有结束时就把问题提出来，就像我们是在举行一次工作餐一样。

最后当我们一边吃着樱桃小馅饼，一边喝着最后一瓶葡萄酒的时候，他说：“你知道，除了跟姗尔达之外，我从来没有跟其他任何女人睡过。”

“不，我不知道。”

“我以为曾经跟你说起过。”

“没说过，你对我讲了很多事情，不过没讲这个。”

“这正是我要问你的。”

“好，讲吧。”

“姗尔达说像我这样的人，生来就注定绝不能讨得哪怕一个女人的欢心，说这正是让她一直心烦的症结所在。她说这是个尺度问题。自从她对我说出这样的话，我的感觉就跟以前完全不一样了，我一定要把这事弄清楚。”“到办公室来一下。”我说。

“办公室？在哪儿?”

“盥洗室。[①]”我说。

我们回到屋里，在桌边坐下。

“你非常正常，你没有问题，你一点毛病也没有。”我说，“你从上面往下看自己，当然就觉得短了。你可以去看看罗浮宫的那些人体雕像，然后回家对着镜子照照自己的侧影吧。”

“那些雕像不见得准确。”

“他们挺标准的，大多数人都和他们一样。”

“但是她为什么会说起这个呢?”

“为了让你丧失信心。这是这个世界上让人无法继续干下去的最古老的办法。司各特，你让我跟你讲实话，我还可以和你说一大堆，但这是绝对的真话。你原本应该找个医生看看的。”

“我不愿去。我只需要从你这里得到真话。”

“那现在你相信我吗?”

“我不清楚。”他说。

“走，咱们去罗浮宫，”我说，“就在街那头，河对岸。”

我们来到罗浮宫，他仔细地观察着那些雕像，还是不相信自己。

“这基本上可以说并不是一个始终处于静止状态的尺寸问题。”我说，“这归根结底是一个可以变到多大的问题，同时也是一个角度问题。”我为他解释道，谈到在下面垫一只枕头或者其他一些什么东西，或许知道了能对他起到一些作用。

---

① 既然姗尔达和他说是尺寸大小问题，海明威就只好带司各特去厕所，验明“正身”，然后加以释疑。

“有一个小姑娘，她一直对我很好，可是在姗尔达说了那些话以后……”他说。

“别管姗尔达说了什么，”我对他说，“姗尔达已经疯了，但是你根本就没有任何问题。要有信心，就去干那位姑娘想要你干的事情吧，姗尔达是想毁了你。”

“你不了解姗尔达。”

“好吧，”我说，“咱们就到此为止。但是你上这儿来跟我一起吃午饭就是为了问我一个问题，而我也已经尽全力给了你最真诚的答复了。”

但他仍然将信将疑。

“咱们去欣赏一些名画好吗？”我问道，“在这里除了《蒙娜丽莎》，你还看过其他什么？”

“我没有一点看画的心思。”他说，“我跟一些人约好了要在里茨饭店的酒吧跟他们碰头。”

多年以后，也就是在第二次世界大战结束以后很久，乔治，当司各特住在巴黎的时候还不过是里茨饭店酒吧的一名 chasseur[①]，现在已经是酒吧的领班了，向我问道：“爸爸[②]，很多人都向我打听知不知道菲茨杰拉德先生，他是什么样的人啊？”

“你那时候不认识他？”

“不。那时的人我都记得。可是现在，别人只向我打听他的事。”

“你告诉了他们些什么？”

“只要他们乐意听的有趣事，可以让他们高兴的事。不过，告诉我，他是谁？”

“他是 20 世纪 20 年代初期时的一位美国作家，曾经在巴黎和外国待过一段时间。”

“那为什么我记不得他了呢？他是个优秀作家吗？”

① 法语，意思为在旅馆中穿制服跑腿的小生。

② “爸爸”是海明威许多的绰号之一。

"他曾经写了两本十分优秀的书，还有一本没能写完①，据那些对他的作品非常了解的人说应该是一部异常精彩的作品。另外他还曾写过很多非常不错的短篇小说。"

"他那时经常到这酒吧来吗？"

"我想是的。"

"可在20年代初的时候，你并没有到这酒吧来。我知道你那时很穷，在另一个地区居住。"

"我手里有钱的时候就去克利永饭店。"

"那我也知道。我清楚地记得咱们初次见面的情形。"

"我也记得。"

"奇怪的是我竟然对他没有印象。"乔治说。

"所有那些人都死了。"

"可那些死去的人还是有人忘不了他，人们仍然经常向我问起他。你一定要把和他相关的事跟我说说，让我写进回忆录里去。"

"好吧。"

"我记得有天晚上你和冯·布利克森男爵到这儿来——那是哪一年？"他笑了笑。

"他也已经死啦。"

"是啊。但是人们并不曾忘记他。您懂我的意思了吗？"

"他的第一个妻子②文章写得非常漂亮。"我说，"她写了一

---

① 菲茨杰拉德那时已在1940年去世，终年仅44岁。这部尚未完成的小说是指《最后一位影业巨子》，故事以好莱坞为背景，于1941年出版，到1976年被搬上银幕，由罗伯特·德尼罗等好几位大明星主演。

② 冯·布利克森男爵（1886—1946），丹麦贵族。于1914年与卡伦·迪内森结为夫妇，她后来在当时的英属肯尼亚开办咖啡种植农场，因经营失败，于1931年回国，开始写作。1934年以伊萨克·迪内森（1885—1962）为笔名，发表英文版《哥特式故事七则》而成名。《走出非洲》是其于1937年发表的讲述非洲见闻的散文集。海明威和这对夫妇私交甚好，非常赞赏她的叙事手法，他于1954年底获得诺贝尔文学奖后，曾经和人讲伊萨克·迪内森同样完全有资格得奖。后来男爵因生活不检点，和伊萨克·迪内森离了婚，男爵死于车祸。

本关于非洲的书，可以说是我读过的最优秀的写非洲的书。那是说除了塞缪尔·贝克勋爵写的那本关于阿比西尼亚境内那些尼罗河支流的书之外。既然你现在对作家感兴趣，你将这些加到你的回忆录里吧。”

“好，”乔治说，“这位男爵可不容易忘记。那本书叫什么名字？”

“《走出非洲》，”我说，“布利基①始终为他的第一个妻子的作品感到非常自豪。不过在她写出那部书很久以前我们就相识了。”

“但是大家还在不断向我打听那位菲茨杰拉德先生呢？”

“他是弗兰克当总管时的常客。”

“对啊。那时我不过是名 chasseur。你知道 chasseur 是做什么的。”

“我准备写一些有关他的事，就在我准备写的一本关于在巴黎早年生活的书里。我答应自己一定要写的。”

“好啊！”乔治说。

“我要照我第一次见到他时的印象描写出来。”

“好啊，”乔治说，“这样一来，如果他曾经来过这里，我肯定能将他记起的。毕竟见过的人你是不会忘记的。”

“游客吗？”

“自然啦！可您说他常上这儿来？”

“他很喜欢这里。”

“你就按照你所能想起的那样写他，这样的话只要是他上这儿来过我就能记起他的。”

“好吧！”我说。

---

① 冯·布利克森这个姓氏的简称。

巴黎永远没有个完

待我们变为三口之家而不再是两人之家①，加之无法忍受那冬季寒冷恶劣的天气，我们终于从巴黎搬了出去。独身时，只要习惯了问题就不大。我可以经常去一家咖啡馆写作，面前放一杯奶油咖啡，整个上午都可以这样写作。而且在这个时候，服务员们开始清扫咖啡馆，屋里渐渐就暖和了。我的妻子则可以出去教授钢琴，虽然那地方很冷，但只要穿上足够厚的羊毛衫御寒，不停地弹下去，就能保持身上暖和。教完钢琴后，她就回家给邦比喂奶。可是冬天带婴儿上咖啡馆是行不通的，尽管那是一个从不哭泣、对周围发生的一切都充满好奇的婴儿。那是还不兴代管婴孩，邦比就和他那名叫“F 猫咪”的、可爱的大猫一起愉快地待在他那带有高栏杆的床上。那些愚蠢至极、持有偏见的人说让猫和婴儿待在一起是非常危险的，他们认为猫会阻止婴儿的呼吸导致婴儿窒息而死。另外有人说猫会趴在婴儿的身上，导致婴儿因为憋闷而死。每当我们外出或者那钟点女保姆玛丽有事离开时，F 猫咪就会爬上这有高栏杆的床，和邦比躺在一起，用黄色的大眼睛紧盯门口，不会让任何人靠近他。有了 F 猫咪，我们根本不用找人代管婴孩。

当你穷困潦倒的时候，也就是在我们从加拿大回来放弃了全部的新闻工作，并且卖不出去一篇短篇小说的情形下，我们那时真穷得厉害，更别提在巴黎的冬天带着一个婴儿是一件多么艰辛的事。在邦比小朋友三个月大时，他乘坐肯纳德轮船公司②的一

---

① 指他和妻子哈德莉，以及约翰（乳名邦比），约翰是他们于 1923 年诞下的儿子，成了三口之家。

② 1839 年，英国人塞缪尔·肯纳德（1787—1865）和人合伙创办了该公司。横渡大西洋是该公司最早开辟的定期航线。

条小轮船横渡北大西洋，历时十二天时间从纽约出发途经哈利法克斯，于1月到达这里。路上他一声都没哭过，要是遇上风暴天气，为了防止他滚落下来，就把他用挡板围在一张铺上，他还高兴地咯咯笑呢。可是，我们的巴黎对他来说还是太冷了。

我们起程去奥地利福拉尔贝格州的施伦斯。路上穿过瑞士，我们来到奥地利边境的菲德科尔契。火车穿过列支敦士登[①]，在布卢登茨停下，那里有一条到达施伦斯的小支线，沿一条卵石河底、鳟鱼游弋的小河向前延伸，穿过一座有农庄和森林的山谷。施伦斯是一个阳光灿烂的集镇，有锯木厂、商店、小客栈和一家上好的名叫“陶布”[②] 的旅店，一年四季从不歇业，我们就住在这里。

陶布旅店的房间宽敞而舒适，有大火炉、大窗户，还有大床，上面铺着顶级的毯子和鸭绒床罩。这里的伙食简单而可口，餐厅和用厚木板铺地的酒吧间内的火炉燃得很旺，给人亲切的感觉。

山谷很开阔，使得这里的阳光充足。我们三个人的伙食和住宿费用是每天两美元左右。因为通货膨胀，随着奥地利先令的贬值，我们的住宿和伙食费用一直在减少。不过这里并不会出现德国那样置人于死地的通货膨胀和贫困现象。先令时涨时跌，但总的趋势还是下跌的。

施伦斯并没有用来运送滑雪者登上山坡的上山吊椅或者是登山缆车，而只有通向各种山坡、到达崇高山地的运送原木的小路和放牛的羊肠小道。因为那里的积雪足够厚，你如果想带着你的滑雪板步行向高处攀登，你必须要用海豹皮包在滑雪板底上，然后才能往上爬。山谷的顶上，有一些大木屋，这是为夏季的登山者修建的阿尔卑斯山俱乐部，你可以在那里留宿，烧了木柴就留下应付的钱。但是在有的木屋里，你需要运送些木材以备己用。

---

① 一个小公园，位于奥地利与瑞士之间。

② 德语，鸽子。

另外，如果你打算在高山险地和冰川地区完成你的长途旅行，你就需要雇用别人来帮你驮运木柴和给养，建立营地。这里最著名的高山基地木屋有林道屋、马德莱恩屋和威斯巴登屋。

陶布旅馆的后面有一条类似练习场的斜坡，从那里你可以穿过果园和田野往下滑。山谷对面查根斯的后面还有一道非常好的山坡，那里还有一家漂亮的小旅店，一批上乘的羚羊角点缀在它的酒屋墙上。查根斯是以伐木为主业的村子，位于山谷最偏远的一头，从查根斯的南面，理想的滑雪场地向上延伸，一直到最后穿越众山，翻越西尔维雷塔山脉①，进入克洛斯特斯城一带。

对于邦比而言，施伦斯是一个有益健康的地方。一个有着深黑头发的漂亮姑娘会照料他，带着他坐上他的雪橇，然后出去晒太阳。哈德莉和我则要熟络这一大片陌生的地区和村子，镇上的人对我们也很友善。瓦尔特·伦特先生是最早开始高山滑雪的人，曾经一度是那无比伟大的阿尔伯格滑雪家汉纳斯·施奈德②的搭档。瓦尔特·伦特先生制造滑雪板用的是蜡，以备攀登和在各种积雪的环境下使用。恰好在这个时候，他开办了一所学习高山滑雪的学校，我和哈德莉均报名加入了。让他的学员们尽快离开练习坡，到高山上去长途滑行是瓦尔特·伦特的教学方式。那时的滑雪与现在不同，脊椎骨折还不多见，而且谁都无法承受一条断裂的腿。那时也没有什么滑雪巡逻队，你从哪儿跌倒，就要从哪儿爬起来。这样就锻炼了你的两条腿适应往下滑的能力。

在瓦尔特·伦特看来，滑雪的乐趣在于爬上最高的山峰，那里的积雪不会有其他人的足迹。然后从阿尔卑斯山上的一个高山俱乐部的木屋，滑雪旅行到达另外一个木屋，这个过程的完成需要翻越过阿尔卑斯山的那些狭隘的巅峰山口和冰川。为了避免你因为摔倒而折断你的腿，你的滑雪板绝对不能系得太紧，要在摔

---

① 位于查根斯南奥地利和瑞士东部的国境线上，克洛斯特斯在瑞士东部。

② 汉纳斯·施奈德（1890—1955），是奥地利滑雪教练，在施伦斯东北的阿尔伯格山隘地区将他的阿尔伯格滑雪技术发扬光大。

伤之前就能自动脱开。我们真正喜爱的冰川滑雪是身上不系任何绳索的，但是我们需要等到第二年的春天才能这么做，等到那时候，冰川上的裂缝已非常严密地被全面覆盖。

哈德莉和我爱上滑雪这项运动，是在瑞士我们第一次尝试滑雪的时候。后来在多洛米蒂山区[①]的科蒂纳·丹佩佐，当时邦比快要出生了，不过米兰的医生允许她继续滑雪，前提是我得保证不让她摔倒。这就要求我们必须十分小心谨慎地选择地形和滑道，并要有绝对好的滑行控制力。她有一双美丽而强健的腿，又有控制滑雪板的能力，因而没有摔跤。我们都熟悉不同的雪地条件，每个人都知道如何在像干粉一样的厚厚的积雪中滑行。

我们喜欢并热爱福拉尔贝格州，如同我们喜爱施伦斯。在感恩节到复活节这一期间，我们打算在福拉尔贝格州度过。每次去都能滑雪，不过施伦斯的地势还不够高，除非是一个下大雪的冬天。可是登山也很有意思，在那些没下大雪的日子里没人会介意。只要你确定一种适合你攀登的缓慢的步子，这样爬起来就很轻松，心脏感觉也很好，并且你会为你的重装负重而感到骄傲。登上马德莱恩屋的山坡途中有一截路非常陡，极难攀登，可是爬第二次时就容易多了，甚至你现在的负重是你第一次的两倍，也会变得轻松自如。

我们总会感到饥饿，因此每回进餐就成了一件大事。我们会喝淡啤、黑啤、新酿的葡萄酒，甚至是一年陈酿的葡萄酒。最好的是白葡萄酒。其他的还有本地河谷酿造的樱桃白兰地和用山龙胆根蒸馏加工而成的烈酒。有的时候，我们晚餐吃瓦罐煨野兔肉，上面浇一层甘美的红酒调味汁。有时候也吃涂有栗子沙司的鹿肉。我们吃这些的时候，经常用红葡萄酒做伴，虽然这比白葡萄酒还贵，每升上好的红葡萄酒需要二十美分。不

---

① 多洛米蒂山区，是意大利北部阿尔卑斯山脉的东段，冬季运动中心，科蒂纳·丹佩佐则位于多洛米蒂山脉南麓。

过普通的红酒会便宜很多，于是我们会把小桶装的带到马德莱恩屋去。

我们有一批书籍，是西尔维亚·比奇让我们带着以备冬天阅读的。我们也可以跟镇上的人玩地滚球，在直通旅馆的夏季花园的场地上，每礼拜有两次左右这样的活动。旅店餐厅里每周玩一次扑克，因为当时的奥地利严禁赌博，所以这个时候餐厅会紧闭门窗。我就会约上旅馆主人内尔斯先生、阿尔卑斯山滑雪学校的伦特先生、镇上的一位银行家、检察官以及警官一起打扑克牌。打牌时气氛很拘谨。他们都打得很不错，只有伦特先生太急躁，可能是由于滑雪学校压根不盈利的缘故。当这位警官听到有两名巡逻的警察在门外停下时，他就会把一个手指举到耳边，仔细探听。这时我们就都不敢作声，直到巡逻警察们继续向前走去。

天刚亮的时候，女服务员便会在清晨的寒冷空气中走进房来关上窗子，在大瓷火炉里生火，于是房间就会变得暖和起来，我们开始吃早饭，有新鲜面包或者是烤面包片，另外再搭配绝味爽口的蜜饯和大碗咖啡。如果你愿意的话，还会有新鲜的鸡蛋和优质火腿。这里有条名叫施瑙茨的狗，它总是睡在床脚边，喜欢跟出去滑雪，我从山上向下滑雪的时候，施瑙茨就喜欢骑在我的背上或者是趴在我的肩膀上。它还是邦比的朋友，常在小雪橇旁跟他和他的保姆外出去散步。

施伦斯是写作的首选地。我清楚这一点，因为在1925年和1926年冬天的时候，我在那里完成了我从未遇到过的、最艰难的修改工作。当时我必须把我只花了六个礼拜的、一气呵成的《太阳照常升起》的初稿加工完善成一部长篇小说。并且我已经想不起来我在那里写了多少篇短篇小说了，反正很有几篇好的。

我还记得那里路上的雪，夜里，当我们肩扛滑雪板和滑雪杆，顶着严寒向家里走去的时候，在夜色中，通往村子的路面上的积雪被我们踩得咯吱咯吱响。我们望着灯光，走近了才看清房屋。路人都会向我们打招呼：“你们好。”那家小酒店总会被村民们挤爆，他们身着山区服饰和长筒靴，靴子是鞋底钉有钉子的那种。空气里烟雾笼罩，木头地板上的钉子印迹斑斓。许多年轻人都在奥地利阿尔卑斯团队里服役过，其中有一个名叫汉斯的，他在锯木厂干活，是个远近闻名的猎手。由于曾经一起在意大利的一个山区待过，我们成了好朋友。我们会在一起喝酒，大家同声高唱山歌。

我能想起那些羊肠小道，还有穿过村子上方的那些山坡上的农庄果园和农田，记得那温暖的农舍，屋子里架着大火炉，雪地里还会有大堆的柴火。女人们会在厨房里梳理羊毛，纺纱机的脚踏板带动着轮子，她们把羊毛纺成灰色或黑色的毛线。毛线不需要染色，黑色毛线是直接由黑绵羊身上的羊毛加工而来。羊毛是纯天然的，连油脂都没去掉，因此哈德莉用这样的毛线编织成的便帽、毛线衫和长围巾浸了雪也不湿。

有一年的圣诞节，上演了由汉斯·萨克斯①创作的一部戏剧，是那位学校校长执导的。那是一出非常精彩的戏，我在地区的报纸上写了关于这出戏的一篇剧评，是旅馆主人翻译成德文的。还有一年，来了一位秃头、面部有疤的德国海军前军官，他举办了一次关于日德兰半岛战役②的演讲。幻灯片上显示英德双方舰队的调遣行动画面。海军前军官把一根台球杆当作教鞭，他指出杰利科③胆怯懦弱的表现，有几次气得嗓音都变了。校长很担心海军前军官会用台球杆刺穿屏幕。演讲完毕了，可这位海军前军官仍然无法冷静下来，酒吧间里每个人都很尴尬。只有检察官和那

① 汉斯·萨克斯（1494—1576），作曲家、德国诗人。创作的六千首诗中包含有二百部诗剧，其中的诸多喜剧专门在圣诞节狂欢活动中演出，深受大众喜爱。

② 日德兰半岛属于丹麦王国的大陆部分。在第一次世界大战期间，时值1916年5月31日和6月1日，英国和德国的舰队在半岛北面的斯卡格拉克海峡两次展开激战，英方先败后胜，不过事后德方也宣布自己取得了胜利。

③ 杰利科（1859—1935），英国海军上将。在日德兰半岛战役中担任英国舰队司令，在双方第一次交战时，闯入德国海军主力所在海域，致使英方损失惨重，被迫撤退。后来在双方主力的激战中，进而转败为胜。

位银行家愿意陪他一起喝酒，而且是在一桌。伦特先生是莱茵兰①人，他拒绝参加这次演讲会。有一对为了滑雪，从维也纳赶来的夫妇，因为不想去高山地区，所以他们就离开这里去了苏尔斯。不过据说，他们在那里的一次雪崩事件中不幸丧命。而那个从维也纳来的男人，曾经说过正是因为这位演讲者一类的猪猡断送了德国，并且在二十年之内他们还会再次毁灭德国。而和他一起来的那个女人则用法语让他闭嘴，说在这么小的地方，人心难测。

那一年雪崩死了很多人。第一次重大失事是在阿尔贝格山隘北的莱希，也就是离我们那个山谷不远处的高山上。恰逢圣诞假期，有一批德国人赶来这里希望和伦特先生一起滑雪。那年的降雪非常晚，当第一场大雪降临时，由于阳光的照射，那些山丘和山坡都还是暖和的。雪下得很厚，呈细粉状，完全没跟地面冻结。在这样的雪地上滑雪再危险不过了，因此，伦特先生曾发过电报劝说这批柏林人先别来。但因为那是他们的节假日，他们被无知冲昏了头，也不怕什么雪崩。他们来到莱希，但是伦特先生却拒绝带领他们出发滑雪。有一个人骂他是胆小鬼，他们便要自己去滑雪。最后，伦特先生把他们带到了他所能找到的、最安全的山坡上。他自己滑过去了，他们尾随其后。突然，整个山坡全部崩塌了下来，像是潮水涨起那样盖住了他们所有人。事后挖出了十三人，其中九个已经死了。原本那家阿尔卑斯山滑雪学校并不兴旺，这一来仅剩我们这一对学员。后来我们变成了钻研雪崩的专家，了解了不同类型的雪崩，以及如何躲避雪崩，万一被困在雪崩中又该采取怎样的行动。那年在雪崩时期，我完成了我的

---

① 莱茵兰，指德国西部莱茵河以西的地区，不过在历史上有争议。1870—1871年普法战争后，其中的阿尔萨斯—洛林划归普鲁士。但在第一次世界大战中，德国战败，《凡尔赛和约》上又把它划归法国，并且规定莱茵河两岸各五十公里内为永久非军事区。不过后来时常发生危机，在1923年10月曾经闹过短期独立。希特勒上台后，又于1936年3月把军队开进了非军事区。伦特先生虽算作德国人，却和下面提到的从维也纳来的奥国人持相同的观点，都反对这位海军前军官的军国主义狂热。

大部分作品。

我记得在那个雪崩多发的冬天，最糟糕的一件事就是和一个被挖出来的人紧密相关。他死前曾经蹲坐下来，用两个胳膊在头的前方围出一个方框图形，这是我们学过的动作，之所以这样做是为了在雪盖住你的时候，你能有一定的呼吸空间。那是一次很严重的雪崩，要花费足够长的一段时间才能够把每个人都挖出来。而他是最后被发现的。他死了不久，脖子就被磨穿，筋和骨头全都暴露了出来。看得出来，他曾经是顶着雪的压力把头来回摆动的。在这次雪崩事件中，肯定有一些已经被压得足够坚实的陈雪混在这崩塌的、不重的新雪中来了。我们无从确定他是这样故意摆头还是已经神志失常了。但无论如何，当地的神父还是拒绝将他葬入教堂墓地，原因是无法证明他是天主教徒。

我们住在施伦斯的时候，时常会爬上山谷长途跋涉到那家小客栈住宿，然后出发登山到达马德莱恩屋。那是一家十分漂亮的老客栈，很多年以来，我们用来吃饭饮酒的房间的四面板壁被擦拭得一尘不染，像丝绸那样发亮。桌子和椅子也同样。我们打开卧室的窗子，两人紧紧依偎着躺在大床上，羽毛被子盖在身上，这时无比明亮的星星就会离我们很近。清晨，用过早餐，我们便会带上齐全的装备上路，开始摸黑登山，星星离我们更近了。我们将滑雪板扛在肩膀上，那些脚夫的滑雪板虽然比较短，但他们却背负着非常重的背囊。我们比赛看谁能背负着最沉的背包登山，但是无人能比得过那些脚夫。他们都是农民，面色阴沉，身材矮胖，只能讲蒙塔丰河谷[①]的方言，他们登山的时候沉稳得像驮马。到达山顶，在那有积雪的冰川旁边的一块突起的岩石上建有阿尔卑斯高山俱乐部，他们倚着俱乐部的石墙卸下背囊，张口就要运费，比商定的价钱高得多，待拿到一笔双方都认可的价钱后，他们就像神仙似的踩着他们的短滑雪板一溜烟儿便滑下山去了。

---

① 施伦斯即位于蒙塔丰河谷中，这些农夫以为旅游者搬运行李挣钱为生。

我们的朋友中有一位德国姑娘，她身材娇小，体态优美，高山滑雪技巧非常熟悉，能和我背负同样的背包，并且还能比我背的时间长。

“那些脚夫总是看着我们，似乎盼望着把我们当作尸体背下山去。”她说，“他们虽然事先定好了上山的价钱，但是据我所知，他们每次都会向客人多要钱。”

冬天，在施伦斯，我蓄了一大把胡须，为了避免高山雪地上的阳光把我的脸严重灼伤，而且我也不愿意去理发。一天夜晚，当我脚踩滑雪板在运送木材的小路上下滑时，伦特先生告诉我，我在施伦斯另一条路上碰见的那些农民把我叫作“黑基督”。他说有些去那家小酒店的人，管我叫“喝樱桃白兰地的黑基督”。不过在蒙塔丰河谷高而远的另外一端，被我们雇来攀登马德莱恩屋的那些脚夫，却把我们当作洋鬼子，他们原本离这些高山很远，却偏偏又会闯进来。我们在天亮之前就出发，为的是避免太阳升起后会给我们将要经过的雪崩地段造成危险，并不是我们聪明，只证明我们同所有的洋鬼子一样狡猾。

我能想起松林的气息，还能想起在伐木人的小屋里睡在用山毛榛树叶铺成的褥垫上的情景，以及在森林中野兔和狐狸出没的小道上滑雪。我记得在高过树木生长线的高山地区去追踪一只狐狸的踪迹，直到发现了它。狐狸先抬起右前腿站立片刻，又小心翼翼地放下腿，停一下，猛地跃身而起，一阵声响过后，松鸡飞出雪地，越过地垄而去。

我记得大风刮过，积雪千姿百态，你脚踩滑雪板滑行时，它们会带给你不同程度的危险。还有，当你住在高而险峻的阿尔卑斯山上的木屋里的时候，有可能会碰上暴风雪，而这样的暴风雪会给你营造一个完全陌生的世界，这时，我们就必须小心谨慎地选定我们滑行的路线，这种情况好似我们从未来过这里。我们就是没见过，这些全是新鲜的。再后来，春天将要到了，便开始有大规模的、平稳笔直的冰川滑道，这就要求我们必须两腿能够支撑得住，然后就能一路笔直地向前滑行。滑行时身体需要向前俯得很低，这样做是为了增加速度，伴随着轻轻的咔嚓声，在冻得发脆的干粉状冰雪上不停歇地下滑，这比飞行等任何事情都美妙。我们练习并掌握了这样的滑雪技巧，这在背负着沉重帆布背包的情形下进行长途登山的过程中也用到了。靠花钱是上不去的，买不到去山顶的票。而我们整整花费了一冬的时间来练习，一冬的努力才有如此成绩。

在山区的最后一冬，一些新面孔深深地混进我们的生活，自此以后，一切都变了样。那个雪崩多发的冬季与第二年的冬季相较而言，前者更像是孩童时代的一个无忧无虑而又纯真的冬季，而后者却是一个伪装成最有意思、最魔幻时刻的冬季，随之而来的便是个可怕至极的夏季。富翁就是在那一年露面的。

有钱人到来的时候，有一种“引水鱼”① 抢先他们一步，这种人经常会装聋作哑，在人未出现之前先散发出一股令人欢愉却又显得思前想后的味道。这引水鱼通常会这样说：“哦，我不清楚。不，当然，不仅仅是这样。可我喜欢他们。我喜欢他们二位。是的，上帝做证，海姆，我的确喜欢他们。我清楚你的意思，可我真心实意喜欢他们，并且她有一种非常美的风度。”（他道出了她的名字②，念得十分亲切）“不，海姆，别瞎来，别找别扭。我真心实意喜欢他们。我向天发誓，他们二位我都喜欢。你一旦认识了他便会喜欢上他的（用了他的昵称③）。他们二位我都喜欢，真的。”

于是富翁们一个个跟上来了，一切就和以往不同了。那引水鱼走了。他不停地要到其他地方去，或者从另外一个地方来，从不多留。他在政界或者是戏剧界出入，和他早些年出国回国以及

① 引水鱼，鲨鱼来到之前即出现舟鲈，故名引水鱼。这里作者用以讥讽作家多斯·帕索斯，他认为是因为他引来了鲨鱼——有钱的墨菲夫妇，最终导致他和哈德莉离婚。

② 墨菲的太太，萨拉的名字。

③ 墨菲先生名杰拉尔德，小名是杰里。1925 年 10 月，多斯·帕索斯把他介绍给海明威。

出入人们的生活一样。他从来不会上当受骗，同样有钱人也骗不了他。所有的一切都骗不过他，只有那些信赖他的人才会上当受骗甚至是被害死。他早年受过如何做坏蛋的那种无人能比的训练，对金钱暗自怀有一种长期不能满足的嗜好。他后来因为每赚一元钱就会向他所向往的方向靠近一步，最后自己也发了财成了富翁①。

这些有钱人都喜爱并信赖他，不仅因为他腼腆、幽默，以及令人难以捉摸，已经有了成果，还因为他是一条永远不会犯错的引水鱼。

有这样的两个人，他们彼此爱恋，生活幸福愉快，其中一位或者双方都有真正伟大的工作，这时，人们就会为他们所吸引，好比候鸟在夜间一定会被引向一座强大的灯塔那般。如果这两个人意念坚定，就都不会遭受伤害，就像灯塔那样，撞毁的只会是候鸟。但是那些以自己的幸福和成就吸引他人的人通常都是缺失经验的人。他们不明白如何才不至于被其他人压倒，也不知道该如何脱身。他们不全是听说过的那些善良仁慈的、魅力十足的、优雅迷人的、迅速被人爱上的、慷慨大度的、明事理的有钱人，这些有钱人没有卑鄙劣质的品格，他们每天像过节一样生活，而且只要经他们之手并且享受了他们所需要的给养，那么残留下的一切就会比曾经阿提拉②的马队的铁蹄践踏过的草原更加没有生机。

有钱人是引水鱼带来的。一年之前他们肯定不会到来，那时事情还没有把握。那时的我尽管工作干得也算出色，而且比现在更幸福，却还没能写出多少长篇小说，所以他们还拿不准。在一些确定不了的事情上，他们从来不会浪费他们的时间与精力。何苦来呢？毕加索是有定评的，很显然，这在他们听说绘画之前就已经成为事实。他们对另一位画家也毫不怀疑，另外还有许多其

① 以上所述均暗指多斯·帕索斯。

② 阿提拉（406—453），约433年起为匈奴王，由于曾经进攻罗马帝国，征服了欧洲的大片地区，故被称为“上帝之鞭”，意为天罚。

他的画家。今年他们觉得把握十足了，并且那引水鱼也来了，他们在引水鱼那里获得了保证，因此我们不会认为他们是外来者，我也不会故意找碴子。那引水鱼自然是我们的朋友。

在那些时光里，我信赖引水鱼就好比我信任《水文局地中海航行指南》的修订本或者是《布朗氏航海年鉴》中的那些一览表。受了这些富人的诱惑，我像一只捕鸟的猎犬那样，轻易信赖和愚昧无比，情愿跟随哪个带枪的人一同外出。或者像马戏班里接受过训练的猪那般，终于遇见有一个人能喜欢并且赞赏他。每天都像过节那样豪华，这对于我而言似乎是个非常理想的发现。我甚至放大声音朗读我那部小说中已经修改完善的部分，这是一个作家所能做出的最低下的事情，相对于他作为一个作家来说，这比在身上不系绳索的情形下，就在还未被隆冬的大雪覆盖住裂缝的冰川上滑行还要危险很多。

当他们说："多伟大啊，欧内斯特。这可真是了不起。你自己都不知道它的魅力！"我就会欢快地摇起尾巴，一股脑儿扎进——生活就是过节这个想法，想一探究竟看自己能否叼回一根诱人的骨头，我根本没有这样考虑，如果这些浑球儿喜欢它，那会有怎样的错呢？假如我是以专业作家自居来进行写作的，我便会如此想，假如我真是职业作家，我就压根儿不会读给他们听。

在这些有钱人到来之前，已经有另一个有钱人耍了最古老的诡计蒙混进来。也就是说，有一位年轻未婚的女子①成为另一位年轻的已婚女子的好朋友，于是搬来和他们夫妇住在一起。接下来便天衣无缝地、天真烂漫地、毫不心慈手软地企图与那丈夫结婚。那丈夫是位作家，正在艰难地进行着创作，成天忙碌，很少有时间陪伴妻子。在这样的情形之下，这种安排恰到好处，但后果就不好了。那丈夫在工作之余，会有两位让人着迷的姑娘围在他身边团团转。其中一个是新来的、不熟悉的，但是倘若他运气很坏，就会同时爱这两个人。

---

① 《时尚》杂志的编辑保琳，海明威的第二任妻子。

于是，他们不再是有一个小孩的三口之家了，而是还外加另一个成年人。起初是兴奋、有趣，就这样过了一段日子。所有真正邪恶的事情都是从一种天真无邪的状态中萌发的。你就按照这个样子一日日地活下去，并且坦然享受着你所拥有的。你开始说谎，又恨说谎，这就足够将你毁灭，情况日渐危险，你就像打仗一样一天天拖下去。

我必须起程离开施伦斯，去纽约重新安排出版社来出版我写的书①。我在纽约办完事，便回到巴黎，我原本应该从东站坐上总是能把我载向奥地利的第一班火车。但我爱的那个姑娘②正在巴黎，于是我放弃乘坐第一班车，也放弃乘坐第二班或第三班车。

后来，火车沿木柴堆开进车站，我再一次见到了我的妻子，她站在铁轨边上。我此时此刻想，我宁愿去死也不愿除她之外去爱第二个人。她在微笑，阳光打在她那被阳光下的白雪灼黑的脸上。她体态优雅。她的秀发在阳光下显现出红里透着金黄的色彩，这头发长了整整一冬，难以梳理，却十分好看。金发碧眼的邦比和她站在一起，矮墩墩的，看起来像个福拉尔贝格州的好孩子。

“塔迪，”她叫道，这时我已经把她拥入怀抱了，“你回家了，你这次旅行把事办得多么成功漂亮啊！我爱你，我们都无比想念你。”

我爱她，我并不爱其他所有的女人，别人走后，我俩度过了美妙的时光。我写作十分顺利，我们出去玩得那么痛快，因此我又觉得我们是不可拆分的伴侣了。但是待到暮春时分，当我们离

---

① 指《春潮》。海明威于1926年2月乘船去纽约。

② 指保琳。海明威在纽约斯克里布纳出版公司与编辑麦克斯威尔·潘金斯相识，自此展开长期的合作计划，并签订了出版《春潮》及另一部长篇小说《太阳照常升起》的合同。他总算等到出头之日了。

开山区再一次回到巴黎时，另外的那件事重新上演了[①]。

我在巴黎的第一阶段的生活就这样结束。当年的巴黎一去不复返了，尽管巴黎自始至终仍然会是巴黎，你变了，巴黎也在变。我们自此从未再回福拉尔贝格州，那些有钱人同样如此。

巴黎的生活永远写不完[②]，每一位在巴黎生活过的人的回忆都与其他人的有所不同。我们出游之后总要返回巴黎，不管我们是怎样的人，不论她如何变化，也不论你在那里有多么困难抑或多么容易。巴黎总是值得眷念的，无论你带给她的是什么，你总会有收获。不过，这里写的是早年我们还很贫穷、但很快乐时的情况。

① 他和保琳的恋爱继续发展，最终导致他和哈德莉于1927年1月离婚，同年5月和保琳结婚。

② 同那句俗语："朝朝寒食，夜夜元宵。"和卷首所提及的"流动的飨宴"相呼应。